„JEDER MENSCH BRAUCHT EINEN GARTEN!"

Endlich gärtnern!

CALLWEY

Sabine Reber | Fotos von Rolf Neeser

Endlich gärtnern!

So bringen Sie Ihren Garten zum Blühen

CALLWEY

INHALT

Das Garten-Manifest

❀ Jeder Mensch braucht einen Garten! Und sei es ein Balkon oder ein Fleckchen öffentliches Grün, das erobert wird.

❀ Wer keinen Garten hat, suche sich einen. Und wer keinen findet, der borge sich ein paar Beete. Wer seinen Garten nicht allein bebauen mag, teile ihn.

❀ Wo kein Garten ist, kann einer geschaffen werden. Grüne Großstadt-Guerillas erobern öffentliches Brachland. Statt mit Spraydosen Wände zu besprühen, hinterlassen sie Lebensspuren mit Blumensamen und Pflanzen.

❀ Jeder Mensch braucht etwas Boden unter den Füßen, eine Handvoll Erde, um ein Pflänzchen wachsen zu lassen, und einen Baum, an den er sich lehnen kann.

❀ Wer gärtnert, lernt Mut fassen und mit Problemen umgehen. Im Garten gibt es immer ein Morgen, jeder Frühling bringt die Chance zum Neubeginn.

❀ Gärten sind mächtige Symbole der Hoffnung. Jeder Mensch hat ein Recht auf ein Stückchen Hoffnung!

❀ Wer gärtnert, schafft sich seine eigene Vision des Paradieses. Niemand sollte davon ausgeschlossen sein.

❀ Gärten sind ein lebenswichtiges Gegengewicht zu den Beton- und Asphaltwüsten der Städte. Wir brauchen sie zum Entspannen, Spielen und Freundschaften pflegen.

❀ Im Dialog mit den Pflanzen und der Umgebung kommen wir uns selbst näher. Wer Teil hat am großen Ganzen, wer erlebt, wie die Pflanzen wachsen und blühen, wird auch der Umwelt gegenüber weniger gleichgültig sein.

❀ Jeder Mensch sollte etwas Salat, ein paar Kräuter und Blumen selbst ziehen. Die eigene Ernte schmeckt besser, ist gesünder und entlastet das Haushaltbudget.

❀ Eigenes Obst und Gemüse hilft energiefressende Importe zu vermeiden und trägt somit zur Rettung des Klimas bei.

❀ Wer sich aus dem eigenen Garten versorgt, setzt ein Zeichen gegen die weltweit explodierenden Preise für Grundnahrungsmittel und die dadurch verursachte Not.

❀ Gärten, Balkone und Terrassen gehören zu den letzten Freiräumen, die uns in einer immer hektischeren Welt bleiben. Nutzen wir sie! Schaffen wir uns Oasen der Liebe, der puren Lust und der Lebensfreude!

❀ Wir sollen nicht versuchen, unerreichbaren Idealen nachzueifern. Besser wir finden individuelle Lösungen, die den Bedürfnissen unserer Liebsten und den gegebenen Mitteln und Möglichkeiten entsprechen.

❀ Gärtnern ist wie Sex oder wie Kochen. Das kann jeder. Weg mit der Angst, etwas falsch zu machen! Weg mit den angestaubten Regeln. Es lebe die Anarchie im Garten!

❀ Jedes Fleckchen Garten, jeder Baum und jede wild begrünte Verkehrsinsel, jeder bepflanzte Hinterhof und jede blühende Fensterbank machen die Welt besser!

Plastikbuchs und Hängematte

Ohne zu gärtnern könnte ich nicht leben. Darum finde ich es traurig, wenn Leute sagen, dass sie dies nicht können oder dass auf ihrem Balkon nichts wachse. Manche wollen sogar gar keinen Garten, weil der nur Arbeit macht. Ihnen allen, und allen, die das Gärtnern schon entdeckt haben, ist dieses Buch gewidmet. Und allen, die keinen Garten haben, kann ich nur raten, sich einen zu suchen. Gärten kann man nämlich auch ausleihen, mieten oder teilen. Und alle, die einen Garten haben, den sie nicht wirklich brauchen oder der ihnen zu groß ist, möchte ich ermutigen, ihn zu teilen.

Da ich selber schon recht viel weiß über Pflanzen und Gartendesign, habe ich mich mit einem Fotografen zusammengetan, der auf seinem Gebiet zwar einer der besten ist, von Botanik aber so gut wie keine Ahnung hatte. Natürlich war es ein Abenteuer der Sonderklasse, mit jemandem ein Gartenbuch zu machen, für den Gärtnern hauptsächlich darin besteht, den Bambus im Zaum zu halten und stundenlang mit dem Aufsitz-Rasenmäher über die Wiese zu kurven, der Birken nicht mag, „weil da immer so Zeugs runterfällt", und der den Plastikbuchs in den Designertöpfen vor seinem Haus verteidigt: „Sieht doch eh künstlich aus. Und den hier muss man wenigstens nicht gießen."

Ich habe viel gelernt von Rolf Neeser. Zuerst einmal habe ich gelernt, wozu ein Liegestuhl dient, oder dass man sich auch mal in die Hängematte legen könnte. Bisher hatte ich mit meinen Gärten so viel zu tun, dass ich schlicht nicht dazu gekommen war, mich auch nur mal für fünf Minuten hinzusetzen. Durch seine Fragen habe ich die Pflanzen noch einmal mit den Augen eines Anfängers angeschaut. Und er hat nachgehakt, wenn ihm eine meiner Ausführungen nicht einleuchtete. Er hat mich aufgefordert, ihm ein zweites und ein drittes Mal zu erklären, warum eine Sonnenblume keine Staude ist und was man mit einer Samentüte anstellt. Vor allem aber hat er sich immer wieder an den Kopf gefasst, wenn er mich auf den Knien herumrobben sah und gefragt, was ich da die ganze Zeit schufte, und ob das wirklich sein müsse. Schließlich hat er mich davon überzeugen können, wenn auch nicht in meinem Garten, so doch in diesem Buch alles wegzulassen, was so viel Zeit braucht, dass man darob den Liegestuhl vergisst.

Und alles, was so kompliziert ist, dass man es nicht in einigen klaren Sätzen formulieren könnte, haben wir auch weggelassen. Gärtnern ist ja ein beliebtes Gebiet für Besserwisser. Und gerade jüngere Leute denken ob all der Regeln und gut gemeinten Anweisungen mitunter, ein Garten sei so furchtbar kompliziert, dass sie lieber gar nicht damit anfangen wollen.

Dabei soll Gärtnern vor allem Spaß machen. Dieses Buch ist eine Einladung an alle, die noch nicht gärtnern. Hier sind die wirklich einfachen Tipps und Tricks. Gartenmuffel und alle, die bisher geglaubt haben, keinen grünen Daumen zu besitzen, erhalten ihre zweite Chance. Und selbst diejenigen, die meinen, alles zu wissen, werden in diesem Buch auch noch die eine oder andere Überraschung finden – versprochen.

Frühlingsgefühle

Im März zieht es mich unweigerlich nach draußen in meinen Garten. Sobald der Schnee zu schmelzen beginnt, geht es mir besser. Und in dem Moment, wo es etwas zu säen und zu pflanzen gibt, verfliegt meine miese Winterlaune. Mit den ersten warmen Sonnenstrahlen beginnt das Leben neu. Bald blühen die February-Gold-Narzissen, die Krokusse und die Adonisröschen – der Frühling webt sein gelbes Band. Mein Gartenfrühling ist gelb.

„Im Garten weiß man immer,
was als Nächstes zu tun ist."

Gartenarbeit macht Mut

Seien wir gleich zu Beginn ganz ehrlich: Gärtnern ist anstrengend. Und im Garten gibt es immer was zu tun. Wer etwas anderes behauptet, der lügt. Gärtnern macht dreckige Hände, Gärtnern macht die Hose schmutzig und man bekommt Muskelkater und Rückenschmerzen. Dornen zerkratzen einem die Arme, die Schnecken fressen den Salat und gelegentlich hat man sowieso genug von dem ganzen Zauber. Aber gilt das nicht für alle Bereiche des Lebens? Für mich ist der Garten trotzdem der Ort, wo ich wieder Kräfte schöpfe, wenn sonst nichts mehr geht.

Im letzten Frühjahr war ich mal wieder an einem Punkt, an dem gar nichts mehr ging. Draußen goss es wochenlang wie aus Eimern, der Ententeich war nur noch eine trübe Brühe, der Schnittlauch moderte in seinem Topf auf der Terrasse vor sich hin, an den Sträuchern faulten die Knospen und ich stand vor einem großen schwarzen Loch. In welche Richtung ich auch schaute, nichts als Probleme. Der Arzt empfahl mir eine Therapie. Ich steckte die Telefonnummer ein – und tat erst einmal gar nichts.

Gärten können Leben retten

Am nächsten Tag schien die Sonne und die ersten Narzissen öffneten ihre Blüten. Drei Tage lang ging ich nicht mehr ans Telefon, ich versteckte mein Handy, schaltete den Computer nicht mehr ein und gärtnerte, was mein Rücken hielt. Im Garten weiß man immer, was als Nächstes zu tun ist. Ich jätete alle Blumenbeete, räumte die Töpfe im Schuppen auf, arrangierte die Terrasse neu und grub zum Schluss noch den Gemüsegarten um. Ist eine Arbeit geschafft, ist auch der Erfolg klar ersichtlich: So viel habe ich heute gejätet, das alles habe ich heute umgegraben? Solche Erfolgserlebnisse machen Mut. Nicht nur die frische Luft und die körperliche Anstrengung, sondern vielmehr die Gartenarbeit als solche half mir, meine Gedanken wieder zu ordnen, das Gute und Positive wieder zu sehen und nicht mehr zu verzweifeln. Ja, auch dazu ist ein Garten da: Er lehrt einen, mit dem Leben zurechtzukommen.

Eine Woche später war ich wieder beim Arzt, der feststellte, dass es mir offensichtlich wieder ganz gut gehe. Ein Garten vollbringt mitunter wahre Wunder, nichts weniger. Er hat die Macht, einem das Leben zu retten. Alle, die ernsthaft gärtnern, wissen solche Erfahrungen zu berichten. Und alle, die noch nie gegärtnert haben, sollten es einmal ausprobieren. Denn jeder Mensch braucht ein bisschen Boden unter den Füßen. Und zwar nicht Asphalt, sondern fruchtbare Gartenerde. Humus.

Balkon, Schrebergarten und Leihbeet

Wer keinen eigenen Garten hat, sollte versuchen, einen zu finden. Denn zum Gärtnern muss man nicht unbedingt Grundbesitzer sein. Oft reicht schon ein Balkon oder ein Fensterbrett, um sich ein kleines grünes Paradies zu schaffen. Ein alter Tisch lässt sich begrünen, eine alte Bordeauxkiste bepflanzen. Oder es gibt eine vernachlässigte Ecke hinter dem Haus, wo sich etwas säen lässt. Wem das zu wenig ist, der bemüht sich um einen Schrebergarten, was aber oft mit längeren Wartezeiten verbunden ist. Ich weiß genau, wie es ist, wenn man keinen Garten hat. Ich musste einen großen Garten in Irland zurücklassen und hatte dann das Glück, dass mir jemand sein Gärtchen am Bielersee auslieh. Ohne dieses Fleckchen Erde hätte ich die schwierige Zeit meiner Scheidung kaum heil überstanden.

Der Reiz des Vergänglichen

Gärtnern und sich mit Pflanzen umgeben kann man immer und überall. Zeitweise hatte ich nur die Blumensträuße, die ich mir auf dem Markt gekauft hatte, die eine oder andere Zimmerpflanze und ein paar Töpfe mit Kräutern auf der Fensterbank. Doch hier und dort habe ich immer wieder ein paar Samenkörner über den Zaun eines vernachlässigten Gartens gestreut, habe im Wald Efeuranken von den Bäumen gerissen und zu Kränzen gewunden, oder blühende Zweige geschnitten. Was zählt ist doch, etwas zum Wachsen zu bringen, zu arrangieren und zu ordnen – es zählt allein die Geste. Was sonst tun, wenn man sich aus der Welt herausgerissen fühlt?

In dem Zusammenhang ist die Frage nach dem Sinn des Gärtnerns etwa so müßig wie die Frage nach dem Sinn des Lebens. Ich gärtnere, also lebe ich, und umgekehrt. Gärtnern heißt leben, nicht mehr und nicht weniger. Man braucht einen Baum, an dem man sich festhalten kann, man braucht Pflanzen, die man dabei beobachten kann, wie sie Wurzeln schlagen und aufblühen. Es gibt nichts Hoffnungsvolleres als einen Garten. Und man muss ihn weiß Gott nicht besitzen. Gärten gehören einem eh nie wirklich, zu groß ist der Einfluss der Witterung und der Natur. Was heute noch ganz zauberhaft aussieht, ist bereits morgen vom Winde verweht oder vom Hagel zerstört. Wir sind nur ein Teil eines großen Ganzen, sei der Garten nun ausgeliehen oder im eigenen Besitz.

Buddeln macht glücklich

Tatsächlich gibt es nicht wenige Gartenbesitzer, die weder die Zeit noch die Lust haben, sich um ihren Garten zu kümmern. Wenn man die Besitzer eines offensichtlich vernachlässigten Gartens fragt, besteht eine gewisse Chance, dass sie einem vielleicht einige Quadratmeter leihweise abtreten. Wer jemanden kennt, der seinen Garten eigentlich nicht braucht, kann ihn ermuntern, den Garten an jemanden auszuleihen, der damit etwas anzufangen weiß. Ältere Menschen, die einfach nicht mehr die Kraft haben, alles selbst zu machen, freuen sich vielleicht über die tatkräftige Unterstützung einer jungen Familie, die den Garten mitnutzen möchte. Denn gerade diejenigen, die ein Leben lang gegärtnert haben, müssten es am besten wissen: Buddeln macht glücklich!

Seit ich das Gärtnern für mich entdeckt habe, kann ich mir gar nicht mehr vorstellen, wie man ohne Garten leben kann. Durch den Garten schaffen wir uns eine Verbindung zur Erde, wir pflegen den Kontakt zur Natur, und zugleich beinhaltet er die Möglichkeit, etwas Ureigenes zu schaffen, und seien es ein paar Töpfchen auf dem Balkon. Sie sind ein kleines Abbild unserer Vorstellung vom Paradies und vielleicht ein Zitat von etwas Größerem. Ohne diese Vision von einer schöneren Welt wäre das Leben unerträglich. Und nicht zuletzt tragen die Gärten, die wir schaffen, tatsächlich dazu bei, dass unsere Welt ein klein wenig schöner wird.

„Ich gärtnere, also lebe ich."

AUCH BIOPRODUKTE MUSS MAN DOSIEREN

Das gilt übrigens auch für organische und hausgemachte Dünger und Pflanzenschutzmittelchen. Ist der Kompost-Tee zu stark, verbrennen die Blätter genauso, als ob man sie mit einer chemischen Lösung traktiert hätte. Womit wir bei einem anderen, weitverbreiteten Vorurteil sind: Alles was Bio ist, ist unbedenklich, oder? Nein! So kann das biologische Insektizid Pyrethrum, das aus den Blüten von Chrysanthemen gewonnen wird, auch Nützlinge töten. Der aus den Wurzeln einer tropischen Hülsenfrucht gewonnene Wirkstoff Rotenon ist sogar so giftig, dass er Bienen oder Marienkäfer vernichten kann. Wie bei Medikamenten gilt auch hier: Unbedingt die Packungsbeilage lesen und sich an die Dosierungsvorschriften halten.

ACHTUNG, FRISCHER MIST

Nie frischen Stallmist verwenden, die Pflanzen würden verbrennen! Bei der Zersetzung von Mist kann sich dieser stark erhitzen. Mist muss vor der Verwendung immer kompostiert werden. Einzige Ausnahme: Gut mit Stroh durchmischt, kann man im Herbst eine dünne Schicht über das Beet verteilen. So schützt er als Mulch die Pflanzen vor der Kälte. Auch im Frühbeet wird frischer Mist verwendet, denn hier ist die zusätzliche Wärme gefragt, um die Pflanzen zeitig im Frühling vorzuziehen.

KUNSTDÜNGER: VIEL HILFT NICHT VIEL

Seinen schlechten Ruf verdankt der Kunstdünger der Tatsache, dass er oft nicht korrekt verwendet wird. Statt gezielt und in geringen Mengen wird gern etwas mehr gedüngt. Darob vergessen die fleißigen Hobbygärtner, dass ein Salat nicht größer werden kann, als ein Salat nun mal eben wird. Auch Karotten werden niemals so riesig wie Zucchini! Alles, was die Pflanzen nicht aufnehmen können, landet dann im Grundwasser – und belastet die Umwelt. Wie bei allen chemischen Produkten kommt es also besonders beim synthetischen Dünger auf das richtige Maß an. Dass viel düngen viel helfe ist eines der hartnäckigsten Vorurteile – und die Ursache dafür, dass viele an sich gesunde Pflanzen eingehen. Viel hilft nämlich überhaupt nicht mehr, im Gegenteil: Die Pflanzenwurzeln verbrennen oder die Pflanzen wachsen viel zu schnell und werden bleich und schwach. Während man beim hausgemachten Kompost noch großzügig sein kann – auch was den Mist für die Rosen betrifft, bin ich alles andere als knausrig –, muss man sich bei synthetischen Düngern peinlich genau an die Angaben der Hersteller halten.

Alles pflanzliche Material sollte auf den Komposthaufen, mit Ausnahme von behandelten Zitrusfrüchten, die sich schwer zersetzen. Auch gekochte Essensreste und Fleisch gehören nicht auf den Kompost, weil sie Ratten anziehen können. Wenig Papier, Holzasche, Eierschalen, Federn und Rasenschnitt sind in Ordnung. Damit der Rasenschnitt nicht fault, sollte man ihn erst antrocknen lassen und dann gut unter die anderen Materialien mischen. Auch Papier und den zerkleinerten Karton gut untermischen. Ich gebe auch den Mist unserer Kaninchen und Hühner unter den Kompost, da er die Rotte beschleunigt. Ein gut durchmischter Kompost aus Pflanzenabfällen, Mist und Rasenschnitt reift besonders schnell und liefert hochwertigere Erde. Bereits nach einer Saison ist er so weit verrottet, dass ich ihn im Herbst dünn auf den Beeten verteile. Den Rest übernehmen dann die im Boden lebenden Organismen.

MIST, KOMPOST UND DÜNGER

Von nichts kommt nichts, das gilt auch im Garten. Die Pflanzen entziehen dem Boden Nährstoffe, und alles, was wir ernten, wegschneiden oder sonstwie entfernen, muss wieder ersetzt werden, wenn der Garten längerfristig produktiv sein soll. Mit verrottetem Mist und Kompost gelangen die Nährstoffe zurück in den Boden, und die Humusschicht und das Bodenleben bleiben erhalten. Rein von der chemischen Zusammensetzung her hilft auch Kunstdünger. Dieser enthält Nitrat, das aus dem Stickstoff der Luft gewonnen wird: seine Moleküle sind identisch mit denjenigen aus Stallmist oder Guano. So gesehen ist er also unbedenklich. Jedoch wird für die Herstellung von Stickstoffdünger sehr viel Energie verbraucht, aus diesem Grund ist er in ökologischer Hinsicht tatsächlich fragwürdig. Und außerdem verhindert Kunstdünger nicht, dass die Humusschicht mit der Zeit immer dünner wird und die Wurzeln dann geradezu aus der Erde herauszuwachsen scheinen.

Eine Handvoll Kompost oder gut verrotteter Mist ist immer noch der beste Dünger.

Lehrjahre einer Gartenanfängerin

Noch nie ist ein Meister vom Himmel gefallen. Und auch ich musste erst einmal ordentlich Lehrgeld bezahlen, bevor ich meinen ersten Garten getrost als solchen bezeichnen konnte. Tatsächlich habe ich fast alles, was ich übers Gärtnern weiß, von den Engländern gelernt.

Und es war das raue irische Klima, das meine ersten Gartenjahre geprägt hat. Die atlantischen Stürme rüttelten an den Ziegeln unseres Hauses, Salz beschlug die Fenster – das Meer war keine fünf Kilometer entfernt, und ich meinte, in dichten Nebel hinauszublicken. Regen klatschte gegen die Mauern, die Tropfen rollten an den Fenstern hinunter, gruben Linien in die Salzschicht. Stieß ich die Tür auf, riss der Wind sie mir aus der Hand. Vor der Schwelle bildeten sich Wasserlachen. Sie fraßen sich in den Spannteppich, weichten die Holzböden auf. Es roch nach Moder. Wir legten Decken vor den Eingang.

Dann kauften wir ein Thermometer und hängten es in der Küche auf. Die Quecksilbersäule kletterte auf zwölf Grad – und blieb den ganzen Winter über dort stehen. Den ersten Winter in Irland verbrachte ich in dicke Pullover und Decken gehüllt vor dem Kaminfeuer, wo ich die Gartenkolumnen der englischen Zeitungen studierte. Wäre das Wetter nicht oft so schlecht gewesen, hätte ich nie das Gärtnern gelernt.

Ein völlig überwachsener Flecken Land

Wenn der Regen einmal nachließ, stieg ich in meine Gummistiefel und watete über das Grundstück, das wir unser nannten: hundert Meter lang und dreißig Meter breit. Es erschien mir riesengroß. Und unser Flecken Land war völlig zugewuchert. Wie braune Inseln ragten die Binsen aus dem winterlichen Dickicht. Unter dem Geflecht aus Brombeerranken fand ich Hahnenfuß, der seine zähen weißen Fadenwurzeln in die Tiefen des staunassen Bodens trieb. Immer wieder ging ich das Land ab und versuchte zu begreifen, was ich hier verloren hatte. Unser Haus war eines der letzten vor der Baumgrenze, die Weißdorne standen windschief und duckten sich vor den Stürmen.

Nach Weihnachten bekam ich von Freunden einen Tannenbaum im Topf geschenkt. Ich pflanzte ihn zwischen zwei junge Kastanien, und weil er mit seinen dunklen Nadeln so gut in die düstere Landschaft passte, erstand ich im Ausverkauf gleich noch zwei weitere. Die drei Tannen standen in einer Reihe vor dem Wohnzimmerfenster und trotzten dem Nordwind. Ich wollte, dass sie Fuß fassten; sie sollten mir zeigen, wie man in dieser kargen Gegend heimisch wird. Jeden Morgen schaute ich aus dem Fenster und bildete mir ein, die Tannen wüchsen.

Im März wurden die Tage spürbar länger. Die Wollpullover juckten. Ich wollte aus meinem Kokon schlüpfen wie ein Schmetterling, endlich Sonne auf der Haut spüren. Der Stechginster hüllte die umliegenden Hügel in seinen gelben Blütenflor. Einige Narzissen, die von den Vorbesitzern gepflanzt worden waren, blühten und wurden alsbald

„Langsam verwandelte sich das Feld hinter unserem Haus in etwas, das den Namen Garten verdiente."

von wilden Kaninchen abgeknabbert. Und dann kippten eines schönen Morgens die drei Weihnachtstannen vor dem Haus wie auf Kommando um. Larven von irgendwelchen Schnaken hatten ihre Wurzeln gefressen. Lediglich drei Löcher blieben zurück, also musste etwas anderes her.

Wunder über Wunder

Ich sah mich in den Nachbargärten um und staunte, was in der rauen Gegend alles wuchs: meterhoher Neuseeland-Flachs und „Palmen" – die sich später, als ich mich mit den botanischen Begriffen vertraut machte, als australische Keulenlilien herausstellten, ganze Felder mit Riesenrhabarber *(Gunnera)*, Spargeln, Artischocken und Feigen. Die Nachbarn beteuerten mir, es dauere „bloß" etwa fünf Jahre, bis ein neuer Garten einigermaßen gut aussehe, bis aus den Stecklingen ansehnliche Büsche gewachsen waren, die Hecken dichte grüne Wände gebildet und die Bäume Fuß gefasst hatten. Hecken, Bäume, Büsche – das klang gut, aber wo sollte ich anfangen? Erst einmal brauchte ich drei Pflanzen, um die Weihnachtsbäume zu ersetzen. Ich kaufte japanische Azaleen, die im Gartencenter so schön bunt blühten. Als die salzigen Winde ihnen den Garaus gemacht hatten, ersetzte ich sie durch Apfelbäume, weil ich gerade eine schöne Gartenkolumne über Apfelbäume gelesen hatte. Als auch diese dem Wind zum Opfer fielen, ersetzte ich sie durch Birken, über die ich in einer anderen Kolumne gelesen hatte.

Die wundersame Wandlung des Feldes

Mein selbst gebautes Gewächshaus aus alten Fensterscheiben, die ich beim Nachbarn aus dem Bach fischte, stürzte beim ersten Sturm in sich zusammen und begrub die jungen Tomatenpflanzen unter einem Scherbenhaufen. Dann kaufte ich ein Dutzend kleiner Thujen, pflanzte sie verstreut über die ganze Wiese und legte einen geschlängelten Weg dazwischen an. Es sah nicht wirklich gelungen aus. Während die Stürme vom Atlantik her in meinem Garten in unregelmäßigen Abständen alles flachlegten, Ziegel wie Geschosse in den Rasen donnerten und mir zum zweiten Mal ein selbst gezimmertes Tomatenhaus einstürzte, las ich über die hohe Kunst der Anlage von Staudenbeeten, begeisterte mich für die Pflanzenjäger der Vergangenheit und vertiefte mich in die Finessen der englischen Rosenzucht. Und langsam aber sicher verwandelte sich das Feld hinter unserem Haus in etwas, das den Namen Garten verdiente.

Inzwischen las ich am Sonntag morgen als Erstes die Gartenkolumnen, und irgendwann las ich den Rest der enormen Zeitungsberge überhaupt nicht mehr. Im Haus hielt ich es je länger je weniger aus, der Garten wurde zu meinem eigentlichen Zuhause. Abends verkroch ich mich in meiner Lektüre. Da die Gartenkolumnen nur in den Wochenendausgaben erschienen, wandte ich mich den Gartenbüchern zu – und davon gibt es im angelsächsischen Raum ja sehr viele und sehr gute. Während es draußen regnete und stürmte, las und lernte ich. Die große Pflanzenenzyklopädie der englischen Gartenbaugesellschaft (RHS) wurde zu meiner Bibel.

Wer Blumen sät, wird Freude ernten

Wer mit dem Gärtnern beginnt, der hat das Recht, Fehler zu machen. Es ist ganz normal, dass manche Pflanzen eingehen. Auch fortgeschrittene Gärtner machen Fehler, das gehört dazu. Vieles muss man erst einmal selbst ausprobiert haben, um zu verstehen, dass es tatsächlich nicht funktioniert – oder einfach nur schlecht aussieht.

Licht und Dunkel

Und dann gibt es noch die Licht- und die Dunkelkeimer. Bevor man darob einen Schreck kriegt oder sich gar ans Auswendiglernen macht: einfach auf den Samentüten nachschauen. Da sollte nämlich stehen, mit wie vielen Millimetern Erde die jeweilige Saat abgedeckt werden muss. Und beim Feldsalat legt man am besten noch ein dunkles Vlies drüber, denn der keimt erst, wenn es ganz zappenduster ist. Lichtkeimer hingegen werden gar nicht abgedeckt. Das sind oft Pflanzen, die sich selber sehr leicht versamen, wie Königskerzen, Fingerhüte oder Mohnblumen und auch die meisten so genannten Unkräuter. Weitere Lichtkeimer sind Gartenkresse, Thymian, Salbei, Basilikum und Tomaten.

Gut gesät ist halb gewonnen

Nach den Eisheiligen (vom 11. bis zum 15. Mai) kann direkt ins Freiland gesät werden. Insbesondere Kapuzinerkresse, Ringelblumen, Lein, Feuerbohnen, Sonnenblumen und viele, viele einjährige Blumen wachsen ganz gut, wenn man sie direkt aufs Beet sät. Wichtig dabei ist, erst zu säen, wenn die Erde angenehm warm und krümelig ist. Ist es zu nass oder zu kalt, dann faulen die Samen. Auch zu warm und zu trocken darf es nicht sein. Meist ist das Wetter gegen Ende Mai gerade richtig. Wer sehr viele Schnecken oder sehr viel Unkraut hat, sollte besser alles in Schalen oder Töpfen vorziehen und die Pflänzchen erst nach draußen setzen, wenn sie schon recht kräftig sind. Manche Pflanzen muss man aber auf jeden Fall direkt säen, weil sie kein Umpflanzen vertragen. Dazu gehören auch Petersilie, Karotten, Königskerzen und vor allem der Mohn. Auch Stockmalven sät man immer direkt. Praktisch alles andere gedeiht ganz gut in Schalen.

   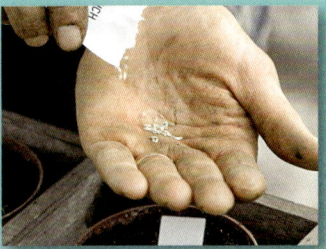 

In guter Gartenerde kann vieles ab Mitte Mai direkt gesät werden. Heikleres kommt erst einmal in Töpfchen.

Pikieren

Junge Pflänzchen in Saatschalen stehen meist zu dicht. Erst zupft man alle aus, die überzählig sind, und lässt die anderen wieder zu Kraft kommen. Essbare Sprossen kommen in den Salat! Ein, zwei Wochen später verpflanzt man dann die kräftigsten Pflänzchen in je ein Töpfchen, wo sie weiterwachsen und einen kräftigen Wurzelballen bilden können. Erst dann kommen sie ins Freiland.

Gute Kinderstube

Wenn draußen noch alles braun und kahl ist, grünt und sprießt es auf dem großen Esstisch im Wintergarten schon längst: Blaue Trichterwinden (*Ipomea tricolor*), farbiger Mangold, Salate und schwarzer Palmkohl (*Cavolo nero di Toscana*) wachsen in dem hellen, wintergartenähnlichen Raum um die Wette. Das Wichtigste beim Ziehen von Setzlingen ist nebst Licht und konstanter Temperatur eine gute, sterile Aussaaterde aus dem Fachhandel. Wenn ich mehr Zeit hätte, würde ich einfach Gartenerde, Sand vom See und Kompost sieben und die Mischung im Backofen sterilisieren – aber alles geht eben nicht. Und wenn wir zum Mittag schon mal Ravioli aus der Dose essen, dann werden sich die Sämlinge wohl oder übel auch mit Fertigerde begnügen müssen.

Tagetes heilen den Boden

Mit meinem jetzigen Garten hatte ich eine Menge Pflanzen übernommen. Einige gefielen mir, der stattliche Flieder bei der Voliere zum Beispiel oder die Obstbäume – und natürlich das Birnenspalier an der Fassade. Seinetwegen hatte ich mich ursprünglich in das Haus verliebt. Andere Pflanzen passten mir weniger in den Kram. Aber darf man Pflanzen einfach so wegwerfen, nur weil sie einem nicht gefallen? Die unzähligen Pelargonien, die in Plastikkistchen um die Terrasse herum angebracht waren, hätte ich ja verschenkt. Aber sie haben meine Abneigung wohl gespürt und sind den Winter über – ganz ohne mein Zutun, Ehrenwort! – allesamt lautlos verschimmelt. Also ab auf den Kompost damit.

Es folgten die vereinzelten Tulpen in allen Konfettifarben. So sehr ich Pflanzen liebe, manchmal muss man hart sein. Sonst hat man am Ende keinen Garten mehr, sondern nur buntes Sammelsurium.

Die von Drahtwürmern zerfressenen Iris wanderten ebenfalls in den Abfall. An ihre Stelle habe ich erst einmal Tagetes und Ringelblumen gesät, um den Boden zu heilen. Alles, was nicht gut aussieht, und alles, was nicht gut wächst, gehört weggeworfen.

Hallo, was wächst denn da?

Die Stauden erwachen, die Sämlinge vom letzten Jahr tauchen an den unerwartetsten Orten auf – oh, Hallo, die Ringelblumen, bis unter die Pfingstrosen haben sie es schon geschafft! Was machen denn die vorwitzigen Hornveilchen hier, zwischen den Wegplatten? Der Japanische Senf ist auch schon da, und das filigrane Pflänzchen hier, ist das nicht eine von den weißen Kosmeen vom letzten Sommer? Ich mag es, wenn der Garten sich verselbstständigt, und lasse den Blumen so weit wie möglich ihren freien Lauf. Oft wissen sie selbst am besten, wo es ihnen gut gehen wird, ich lasse sie ihren Lieblingsstandort sozusagen selbst aussuchen.

Auch Stauden, die ich teilweise schon mehrmals verpflanzt habe, kommen immer wieder. Diejenigen, die ich noch aus meinem irischen Garten mitgenommen habe, sind mir inzwischen ans Herz gewachsen wie alte Bekannte, entsprechend freudig begrüße ich ihren Austrieb. Und dann knie ich mich richtig rein: entferne altes Laub und verdorrte Zweige, lockere den Boden etwas auf, sammle die kleinen Schnecken ein, die sich zu Füßen der Funkien verstecken, derweil die Amseln singen und der Duft von feuchtem Moos in der Luft liegt. Das ist Lebensfreude pur! Diese kostbaren Frühlingsstunden im Garten geben einem mehr Energie als das beste Vitaminpräparat. Oft arbeite ich noch nachts im Schein der Straßenlaterne, weil ich keinesfalls jemand anderem das Jäten überlassen will – zu kompliziert, bis ich das erklärt habe. Nur ich erinnere mich noch an alles, was im Vorjahr gewachsen ist, nur ich erkenne die jungen Sämlinge schon an den ersten Blättern, und mit etwas Glück weiß ich auch noch, wo die Lilien schlafen, die ihre grünen Nasen erst zeigen, nachdem ich schon einen ersten Durchgang mit der Harke gemacht habe.

MEINE LIEBLINGSPFLANZEN Hornveilchen

Einen Garten ohne Hornveilchen *(Viola cornuta)* kann ich mir nun gar nicht vorstellen. Sie sind die kleinen Verwandten der Stiefmütterchen oder, andersherum, die großen Verwandten der Veilchen, die ich übrigens auch sehr gern mag. Zeitig im Frühjahr besorge ich mir jeweils in der Gärtnerei einige Dutzend Hornveilchen, die ich in Körben und Töpfen zusammen mit Narzissen arrangiere. Falls noch sehr kalte Nächte angekündigt sind, stelle ich sie kurzerhand in die Waschküche. Später im Frühjahr sind mir die Hornveilchen willkommene Begleiter für Stauden, ich lasse sie sich in den Beeten auch gern versamen. So tauchen Jahr für Jahr mehr von diesen fröhlichen kleinen Gesichtern zwischen den Wegplatten und entlang des Zauns auf. Sie mischen sich unter die Rosen und winken mir aus der ersten Reihe der Erbsen zu. So frech sie sich auch ihre Plätzchen behaupten, so sind sie doch zu klein, um den anderen Pflanzen ernsthaft Konkurrenz zu machen.

„Wie schön ist es, Anfänger
zu sein und sich für alles
begeistern zu können!"

Kaufrausch im Gartencenter

Eigentlich habe ich in meinem Garten ziemlich viel Platz. Und doch stellt sich immer wieder das Problem, noch ein Plätzchen für Neuzugänge zu finden. Wohin bloß mit der dunkelroten *Verbena*, die mir in der Gärtnerei so gefallen hat und die jetzt wie bestellt und nicht abgeholt vor dem Gewächshaus steht? Und der Rostfarbene Fingerhut *(Digitalis ferruginea)*, den mir eine Gartenfreundin vorbeigebracht hat? Was mache ich erst mit der Rambler-Rose 'American Pillar', ohne die ich gar nicht sein kann und für die kein freier Baum zum Erklimmen bleibt? Angesichts solcher Dilemmas nehme ich mir jedes Mal, wenn ich doch ins Gartencenter fahren muss, vor, möglichst keine Pflanzen mehr zu kaufen. Wie gut hat es da der Fotograf, dessen Haus von lauter Wiesen umgeben ist, die nur darauf warten, von interessanten Pflanzen bevölkert zu werden, und der angesichts all der blühenden Verlockungen auf den Regalen bald noch mehr ins Schwärmen gerät als ich.

Wo der Mensch noch einmal zum Kind werden darf

Wie sehr beneide ich alle Gartenanfänger, sie können sich noch für alles und jedes begeistern, selbst für Pflanzen, von denen unsereins längst weiß, dass sie mit Sicherheit eingehen werden. Wie schön blühen hier die Geranien schon im März! Natürlich werden sie draußen keine Chance haben, aber was soll's. Wer es gut meint, nimmt sich vor sie abends jeweils ins Treppenhaus zu tragen – und irgendwann vergisst man es dann doch. Ich habe sogar schon beobachtet, dass für kalte Nächte Frottee-Handtücher über die Geranien gelegt wurden. Anscheinend funktioniert das. Aber man darf es dann kein einziges Mal vergessen. Vernünftiger ist natürlich, der Versuchung im Gartencenter zu widerstehen, und frostempfindliche Pflanzen erst nach Mitte Mai zu kaufen.

Im Gartencenter wird der Mensch noch einmal zum Kind, hier ist einfach alles schön, alles ist interessant, und noch aus dem unscheinbarsten Setzling könnte etwas werden. „Lohnt sich nicht", sage ich nur noch, oder „Hatte ich auch mal", oder „Wer kauft denn noch Petunien?" – und gehe weiter, während der Fotograf voller Enthusiasmus seinen Einkaufswagen füllt. Tatsächlich bin ich inzwischen ziemlich resistent gegen das verlockende Angebot und kaufe nur noch Säcke mit Saaterde, Rasendünger, die eine oder andere Samentüte oder was ich sonst gerade brauche. Vielleicht im Frühling das eine oder andere Pflänzchen für die Terrasse. Im Auto habe ich sowieso wenig Platz, weil der Kindersitz meiner Tochter die Rückbank blockiert. Bleibt also nur der Kofferraum, der aber mit drei großen Säcken Blumenerde voll ist – und der Beifahrersitz. Dort findet zur Not schon mal ein größerer Rosenstrauch, eine Buchskugel oder gar ein junger Baum seine Mitfahrgelegenheit. Aber Bäume und große Rosensträucher sind nun wirklich das Allerletzte, was ich noch brauche! Und von den obligaten Buchskugeln hat man irgendwann auch genug.

Eine *kleine Handschaufel* und ein schwarzer *Plastikeimer* aus dem Baumarkt, ohne die geht es nicht. Auch eine *Rosenschere* habe ich stets in der Hosentasche.

Ganz oben auf der Liste stehen *Gießkannen*, von denen ich immer eine zur Hand habe, wenn gerade irgendwo dringend Wasser benötigt wird.

Außerdem benutze ich regelmäßig den *Spaten* und die *Grabgabel*. Sie müssen einiges aushalten, darum lohnt es sich, die beste Qualität aus Edelstahl und mit kräftigem Holzstiel zu kaufen. Alles andere ist spätestens nach einer Saison futsch.

Was ich noch brauche sind eine *Schnur* und *Bambusstäbe*. Und neben der Schnurrolle sollte stets eine *Schere* liegen, die aber aus mir unerklärlichen Gründen meist dann gerade nicht da ist, wenn ich sie brauche.

BITTE MÖGLICHST BUNT!

Werkzeuge mit grellbunten Plastikgriffen sind zwar nicht so schön wie die edlen Teile aus Holz, aber viel praktischer: knallorange oder gelb leuchtende Dinge findet man im Beet oder auf dem Komposthaufen eher wieder als Geräte aus Holz, die auf der Erde praktisch unsichtbar sind. Außerdem gehen Letztere schnell kaputt, wenn man sie mal ein paar Tage draußen liegen lässt. Insbesondere Handschäufelchen und Scheren haben die Tendenz, sich im Garten zu verflüchtigen. Auch Schläuche sollte man in Signalfarben kaufen. Über einen leuchtend gelben Schlauch stolpert man nicht so schnell wie über einen grasgrünen.
Ah ja – und unbedingt die Quittungen aufbewahren! Selbst teure Grabgabeln können unbemerkte Astlöcher im Stiel haben und beim ersten Gebrauch abbrechen.

WERKZEUGE,

Zum Umgraben bestens bewährt haben sich *Holzschuhe* oder Klompen, wie sie in Holland genannt werden. Sie sehen zwar ulkig aus, sind aber in der Tat sehr praktisch, da man mit ihnen mehr Kraft hat, um den Spaten in die Erde zu treiben, ohne dass einem gleich die Füße wehtun. Außerdem sind sie unverwüstlich. Bei Gummistiefeln brechen nämlich schnell mal die Sohlen, wenn man ordentlich am Umgraben ist.

Wer wie ich viel auf den Knien arbeitet, besorge sich eine dieser guten alten *Wärmflaschen* aus rotem Gummi zum Daraufknien. Außerdem gehören ein *Strohhut* und eine *gute Sonnencreme* in den Gartenschuppen, sonst vergisst man sie ewig.

Ich weiß nicht, wovon ich in meinem bisherigen Gärtnerinnenleben mehr verschlissen habe – kleine Schaufeln oder *Gummistiefel*. Wer ernsthaft gärtnert, sollte sich beides gleich en gros im Baumarkt besorgen.

Hecken, Sträucher und Bäume müssen geschnitten werden. Hierzu braucht es irgendwann eine *Heckenschere*, eine *Baumschere* oder eine *Säge*. Sind die zu schneidenden Bäume und Hecken höher, ist auch eine *stabile, verstellbare Leiter* anzuraten.

DIE MAN WIRKLICH BRAUCHT

Wer mit dem Gärtnern anfängt, braucht nicht gleich einen Koffer voller Werkzeug, auch eines dieser – zugegebenermaßen hübschen – Gartenhäuser, in dem die Spaten, Hacken, Gabeln und Rechen schön in Reih und Glied an der Wand hängen, wäre für den Anfang etwas übertrieben. Was man zunächst einmal braucht, sind einige gute, solide Grundwerkzeuge. Selbst erfahrene Gärtner kommen im Alltag mit nur wenigen und immer denselben Geräten aus.

Wer viele Topfpflanzen zu versorgen hat, kann über die Installation einer *automatischen Bewässerung* nachdenken. Diese spart enorm viel Zeit und man kann auch mal übers Wochenende wegfahren. Am Anfang reicht aber erst einmal ein *Eimer* oder eine *Gießkanne*.

In einem größeren Garten ist eine *Schubkarre* unentbehrlich. Auch ein *Gartenschlauch mit einem vernünftigen Schlauchwagen* ist wichtig.

Für kleine Rasenflächen reicht ein *handbetriebener Spindelmäher* völlig aus, er braucht außerdem viel weniger Wartung und Pflege als ein benzinbetriebenes Gerät. Außerdem muss man nicht immer erst Benzin und Öl auftreiben, wenn man schon mal den Rasen mähen möchte.

Praktisch ist ein *Pendeljäter*, der das Unkraut knapp unter der Oberfläche abschneidet.

Zu guter Letzt empfehle ich noch ein paar *solide Handschuhe* und eine *gute Handcreme*.

Aurikeln

Kostbare Aurikeln *(Primula auricula)* zieht man immer in Töpfchen. Vielleicht mag ich sie gerade darum so gern. Aurikeln begleiten einen auch dann, wenn man gar keinen Garten hat. Ein nicht zu sonniges Fenstersims, ein geschütztes Eckchen auf dem Balkon genügen schon. Hauptsache, die bemehlten Blätter sind vor Regen geschützt.

In puncto Platz sind Aurikeln sehr bescheiden. Auch in der Haltung sind sie gar nicht so zimperlich und delikat, wie sie aussehen. Durchlässiges Substrat mit Kies und Sand lautet das Geheimnis. Und sobald sie Knospen bilden, werden sie regelmäßig gedüngt.

Ihre Blüten sind von einer unbeschreiblichen Vielfalt, von subtiler Schönheit und zartem Duft, die ihresgleichen suchen. In den Töpfchen hebt man sie an die Nase, man hebt sie auf Sichthöhe, um die Details ihrer Blüten zu bewundern. 'Merlin Stripe', 'May Tiger', 'Moonglow', 'Star Wars', 'Green Monarch', 'Hawkwood', 'Lovebird', 'Orb', 'Lavender Lady' oder 'Sirius' – allein die Namen lassen mich träumen. Und dass sie schwer zu finden sind, macht sie nur umso begehrenswerter. Wer wenig Zeit und keine allzu seltenen Sorten hat, wirft sie nach einer Saison in Gottes Namen halt weg und sucht sich im nächsten Frühling neue – sie sind zwar nicht ganz billig, kosten aber weniger als ein Blumenstrauß – und sind viel, viel interessanter!

Ein Blick

zum Nachbarn

Gärtnern scheint zwar auf den ersten Blick eine einsame Angelegenheit, doch wer damit anfängt, ist gut beraten, erst einmal einen Blick über den Zaun zu werfen. Hier sieht man sofort, was in der Nachbarschaft so gedeiht. Und wer mehr lernen will, schaue erst recht über den Zaun – und mache sich auf, die Gärten der Welt zu entdecken! Nirgendwo habe ich mehr über das Gärtnern gelernt als in fremden Staudenrabatten und Gemüsebeeten.

Meine Lern- und Wanderjahre

Oft werde ich gefragt, woher ich denn meine Ideen habe. Und ich antworte immer dasselbe: einfach über den Gartenzaun schauen. Wenn es dort nichts Interessantes zu sehen gibt, reisen und Gärten besuchen! Wichtig ist es, immer ein Notizbuch und einen Fotoapparat mitzunehmen, um gute Ideen festzuhalten, die Namen von Pflanzen zu notieren oder um schnell eine Skizze zu machen. Nirgends lernt man mehr über das Gärtnern als auf Gartenreisen. In England ist es sogar Tradition, fremde Gärten zu besuchen. Und damit beantwortet sich auch weitgehend die Frage, woher ich denn immer diese ausgefallenen Pflanzen habe. In Irland waren besonders die Ladys berüchtigt, die zu Gartenbesichtigungen auch bei schönem Wetter einen Regenschirm mitnehmen. Darin kann man nämlich Stecklinge und anderes Pflanzenmaterial unauffällig verschwinden lassen, ohne dass es beschädigt wird. Das ist natürlich streng genommen Diebstahl, und es ist allemal besser, höflich zu fragen.

Ich habe damals in Irland auch sonst einiges gelernt von den Ladys der Donegal Garden Society. Dies ist ein typisches Gartenklübchen nach englischem Vorbild, sicher unter den Fittichen der englischen Gartenbaugesellschaft (RHS) verwurzelt. Ich bin katholisch aufgewachsen, erst das Gärtnern brachte mich den protestantischen Kreisen näher. Plötzlich saß ich mit einer schottischen Adligen beim Tee, und in den großen Häusern von Donegal ging ich ein und aus, galt es doch, von den Mitgliedern gezogene Pflanzen für den jährlichen Wohltätigkeitsmarkt mit Preisschildern zu versehen oder einen Artikel für das Vereinsblatt zu redigieren.

Fachsimpeln bei Tea und Scones

Ich war mit einigen Jahrzehnten Abstand die Jüngste in der Donegal Garden Society. Respektiert wurde ich nicht zuletzt dank meiner Gartenfreundin Anne – sie war die Älteste des Vereins und hatte vor Urzeiten am Trinity College in Dublin Botanik studiert. Sie wusste alles, was es früher über Pflanzen zu wissen gegeben hatte. Meinerseits wusste ich über die Neuheiten Bescheid. Zusammen waren wir unschlagbar. Bei den Diavorträgen raunten wir die lateinischen Namen stets als Erste, und wenn der Referent einige Schätze aus seinem Gartenreich als Preis für ein der Auflockerung dienendes Quiz mitgebracht hatte, so heimsten wir sie ein – und teilten sie dann durch Stecklinge oder Bulben oder Wurzelableger.

Natürlich kommen viele dieser Pflanzen im Lauf der Jahre auch wieder abhanden, zum Glück, wie wir uns jeweils angesichts einer verschiedenen Kostbarkeit trösteten, denn so entstand Platz für Neues. Platzmangel war, obwohl alle über große Gärten und einige gar über riesige Parks verfügten, stets ein Problem. Ich wette, auch der Prince of Wales beklagt sich beim Afternoon Tea mit Camilla darüber, dass in seinen Gärten ach so wenig Platz mehr übrig sei zum Ausprobieren all der wundervollen Neuheiten!

„Nirgends lernt man mehr, als in anderer Leute Gärten."

Saubermänner und Naturapostel

Die Quellen der Inspiration in meiner unmittelbaren Nachbarschaft sind leider dünn gesät. Und so vertröste ich mich mit englischen Gartenzeitschriften und korrespondiere per Mail mit Gleichgesinnten. Mein jetziger Garten liegt in einer Höhe von 800 Metern über dem Meeresspiegel. Hier sind viele Gartenbesitzer der Meinung, dass außer Koniferen sowieso nichts wachse. Entsprechend haben alle unsere Nachbarn (alle!) eine dicke Thujahecke um ihre Grundstücke gepflanzt. Thujen vertragen jedoch das allwinterliche Streusalz von der Straße nicht besonders gut, und so erinnern diese Pflanzungen nicht an grüne Mauern, sondern ragen wie lückenlose Gebisse mit faulig braunen Stellen in die Landschaft, so fehlerhaft, dass es einem fast wehtut beim Hinsehen.

Was die Nachbarn haben

Auch der Nachbar im Norden baut hinter seiner Hecke Gemüse an, jedoch ist er ein Saubermann der ganz alten Schule. Jedes Mal, wenn ich hinaufschaue, hüllt ein chemischer Sprühnebel sein Grundstück ein. Außerdem weiß er alles, aber auch wirklich alles besser. „Falsch! Falsch! Ganz falsch", zischelt er jedes Mal durch sein Gebiss, wenn er an meinem Gemüsegarten vorbeischlurft, und beschimpft uns als alternative Naturapostel, weil es bei uns Marienkäfer, Ohrwürmer und Amseln gibt. Ich beschließe, nicht auf seine vergifteten Tipps zu hören. Natürlich fressen die Amseln Kirschen, aber dafür singen sie schön, und wir haben sowieso immer zu viele Kirschen. Als meine Kartoffeln früher erntereif und größer sind als seine, steht Herr Besserwisser minutenlang fassungslos am Zaun. Jetzt versteht er die Welt nicht mehr. Es gibt ein Sprichwort, wonach die dümmsten Bauern die größten Kartoffeln haben. Sei's drum.

Eine Frage des Geschmacks

Überhaupt ist es mit den Gartenstilen und der Wahl der Pflanzen so eine Sache. Nicht alles, was in einem Buch gut aussieht, passt dann auch in den eigenen Garten. So wirken gerade thematisch gestaltete Gärten, wie beispielsweise eine künstlich angelegte japanische Miniaturlandschaft, in einer bäuerlichen Umgebung total fehl am Platz, während so genannte Biotope oder Wildblumenwiesen in einem städtischen Umfeld auch manchmal merkwürdig wirken. Swimmingpools sind hierzulande immer so eine Sache. Ihr künstliches grelles Türkis – wohl die einzige Farbe, die es bei den Blumen nicht gibt – lässt sich kaum ansprechend in einen Garten gemäßigten Klimas integrieren. Besser sind diesbezüglich natürlich gestaltete Schwimmteiche. Und die Imitation eines englischen Cottage-Gartens vor einem modernen Haus aus Glas und Stahl ist wie die Faust aufs Auge, während umgekehrt ein Designergarten auch nicht unbedingt zu einem alten Bauernhaus passen würde. Es ist alles eine Frage der größeren Zusammenhänge – und des persönlichen Geschmacks.

GRÜNE GRENZEN SETZEN

HECKEN SCHNEIDEN

Beim Schnitt helfen gespannte Schnüre, um entlang einer geraden Linie schneiden zu können. Wenn möglich trapezförmig schneiden, und zwar so, dass die Hecke unten breiter ist als oben. Auf diese Art bekommen auch die unteren Äste genug Licht, und die Hecke kann schön dicht werden. Ein altes, entlang der Hecke ausgelegtes Leintuch erspart das sonst mühsame Aufsammeln der Schnipsel.

Laubabwerfende Hecken wie Buchen, Liguster oder Weißdorn im Juli schneiden. Auch der immergrüne Buchs wird im Juli geschnitten. Die anderen immergrünen Hecken wie Thujen oder Scheinzypressen schneidet man im September, damit sie im Frühjahr hübsch austreiben.

Grenzen sind die diplomatische Knacknuss jedes Gartens – man möchte sich abgrenzen, ohne sich ganz einzuigeln, man möchte fremde Blicke abwehren, ohne sich die Aussicht zu verpflanzen, man möchte gerne Halt sagen, und doch einladend wirken. Eine gute Gartengrenze ist ein wahres Kunststück!

VORSICHT GEBOTEN

Vor Leyland-Zypressen als Heckenpflanze kann ich nur warnen, in jeder Hinsicht: sie sind hässlich, wachsen wie verrückt und in ihrem Schatten gedeiht kaum mehr ein Grashalm. Bevor man sich's versieht, hat man eine meterhohe Mauer vor dem Fenster, die sich dann auch nicht mehr ohne bleibende Schäden zurechtstutzen lässt.

HECKEN, DIE IN DIE LANDSCHAFT PASSEN

Buchenhecken sind in vielen Situationen eine gute Wahl, oder Eiben für diejenigen, die Geduld haben. Denn Eiben wachsen langsam. Wer genug Platz hat, pflanze eine Hecke aus einheimischen Sträuchern. Das sieht hübsch aus und freut zudem die Vögel. Eine ordentliche Hecke wird aber locker zwei Meter breit und drei bis vier Meter hoch. Sie soll ja nicht zurückgestutzt werden – wegen der Vogelnester, und weil sie sonst ihren natürlichen Charme verliert.

„Und wenn dann gar nichts mehr geht, fängt man eben nochmals von vorne an.“

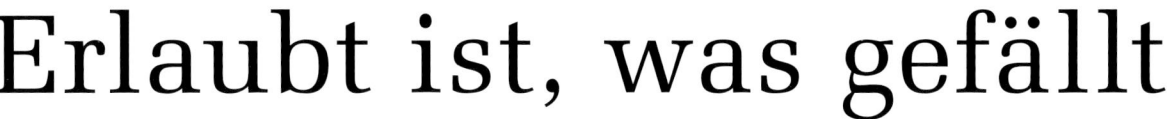

Erlaubt ist, was gefällt

Im Garten gibt es so viele Wahrheiten, wie es Gärtnerinnen und Gärtner gibt. Schließlich versucht jeder, seinen ureigenen Traum vom Paradies umzusetzen, seine ganz eigene ideale Gartenwelt zu schaffen und seine persönliche Wahrheit zu finden. Unsere Gärten sind immer Abbild unserer Seele. Manchmal braucht der Mensch ordentliche Gemüsereihen, um etwas Ordnung ins Chaos der eigenen Gedanken zu bringen. Oder er gestaltet einen extrawilden Naturgarten, auch wenn das nun überhaupt nicht passt. Und wenn dann wirklich gar nichts mehr geht, ja dann fängt man eben nochmals von vorne an. Am einfachsten ist das mit Gemüse und einjährigen Sommerblumen. Jeden Frühling werden die Karten neu gemischt, die Beete neu bepflanzt. Auch Anfänger können hier nicht viel falsch machen.

Stauden lassen sich ebenfalls gut umpflanzen. Mit meinen Rosen bin ich inzwischen dreimal umgezogen. Ich möchte natürlich nicht behaupten, dass ihnen das besonders guttut. Idealerweise sollten Rosen am selben Ort bleiben. Aber wer möchte schon beim Umzug auf seine Lieblingsrosen verzichten?

Der eigene Geschmack tritt umso klarer hervor, je mehr man über Pflanzen weiß. Es ist ein bisschen wie mit gutem Wein, der auch erst mit wachsender Erfahrung geschätzt werden kann. Am Anfang findet man unter Umständen Pflanzen schön, und schon eine Saison später fasst man sich an den Kopf und fragt sich: „Wie konnte ich auch nur?" Hellblaue Hortensien zum Beispiel, oder panaschierter Phlox, der bei genauem Hinsehen einfach nur krank wirkt. Es passiert mir heute noch, dass ich etwas pflanze, um einige Wochen später davorzustehen und zu denken: „Das darf doch nicht wahr sein!" Und dann heißt es: Her mit der Grabgabel und weg damit. Wenn etwas nicht gut aussieht, dann nützt abwarten und Tee trinken auch nichts, dann muss es einfach weg.

Weidenzäune fügen sich in die Landschaft ein

Nach gründlichem Überlegen hatte ich mich entschieden, meinen Gemüsegarten mit einem Weidenzaun zu umgeben. Wilde Weiden wachsen keinen Kilometer vom Haus entfernt entlang des Twannbachs. Nach nur einem Jahr wuchern sie in meinem Garten so wohlig, als wären sie schon immer hier gewesen. Geschnitten und gepflanzt werden sie, sobald der Schnee weg ist. Und schon im ersten Sommer sind die Triebe so lang, dass ich sie einflechten kann, im Herbst schneide ich sie zurück.

Weidenzäune sind eine fantastische Sache. Sie fügen sich harmonisch in die ländliche Umgebung, und in vielen Stadtsituationen funktionieren sie ebenfalls hervorragend – dort bringen sie ein wildes, ungebändigtes Element in die Asphaltwüste. Sie kosten nichts und sind schnell gebaut: einfach im März die einzelnen Weidenruten gut vierzig Zentimeter tief in die Erde stecken und nach Lust und Laune verflechten – fertig ist der Zaun. Wenn man sie gewähren lässt, wachsen sie zu dicken Stämmen heran.

Weidenruten bekommt man auch von einem Bauern, der Kopfweiden hat, oder aber über das Straßenbauamt. Oft werden Weiden nämlich über Autobahntunneln und auf Straßenböschungen angepflanzt, wo sie jährlich geschnitten werden müssen.

Die Afrikanische Schmucklilie *(Agapanthus)* ist eine dieser märchenhaften Pflanzen, die mich jedes Jahr aufs Neue faszinieren. Wie die langen Stängel aus dem Laub wachsen und jeder eine geheimnisvolle Knospe vor sich herschiebt! Wenn die Stängel über einen Meter lang sind, öffnen sie endlich ihre Dolden und zünden ihre unzähligen Blütenfeuerwerke, denn Feuerwerke sind es, jede einzelne Blüte ein blauer Funken am Sommerhimmel. Im Prinzip könnte man Schmucklilien wie Dahlien im Beet ziehen und sie vor dem Winter ausgraben. Aber ich pflanze sie stets in Töpfe, einerseits, weil ich sie so im Herbst ohne viel Aufwand ins Haus tragen kann, andererseits, weil sie in den Beeten wie Fremdkörper wirken würden. Schmucklilien stammen aus Südafrika, und so schön sie sind, so passen sie beim besten Willen nicht zu meinen Rosen und Kräutern. In einem Terrakottagefäß auf der Terrasse kommt ihre exotische Schönheit, zusammen mit anderen botanischen Kuriositäten, am besten zur Geltung. Außerdem kann ich sie im Topf gezielt düngen und ihnen genau so viel Wasser geben, wie sie brauchen – Schmucklilien muss man mit etwas Fingerspitzengefühl gießen, damit sie nicht allzu nasse Füße kriegen.

MEINE LIEBLINGSPFLANZEN
Schmucklilie

Duftpelargonie 'Lady Plymouth'

Meine liebste Duftpelargonie ist die Sorte 'Lady Plymouth'. Sie hat weiß-grün panaschiertes Laub, das an den Rändern mit einem feinen rosaroten Streifen eingefasst ist. Diese Pelargonie ist ein Überbleibsel aus meiner umfangreichen irischen Sammlung, seinerzeit habe ich nur einen Steckling mitgenommen. Und das ist der vielleicht größte Vorteil der beliebten Duftpelargonien: man kann sie immer und überall mitnehmen. Sie fühlen sich in relativ kleinen Töpfen wohl, und wer wenig Platz zum Überwintern hat, schneidet sie einfach stark zurück. Im Frühling wachsen sie wieder neu. Außerdem sind sie leicht aus Stecklingen zu vermehren, sodass man sie tauschen und verschenken kann. Besonders für Umzüge bewährt es sich, kleine Jungpflanzen zu ziehen und zur Not halt nur diese mitzunehmen. Meine 'Lady Plymouth' begleitet mich überall hin. Inzwischen ist sie wieder zu einem ansehnlichen Strauch herangewachsen und verbringt den Sommer am Weg zum Blumengarten, wo sie ihren zimtigen Rosenduft verbreitet, wenn man sie im Vorbeigehen streift.

Duftpelargonien stammen von *Pelargonium graveolens* ab, der Wildform und Stammmutter unzähliger Sorten. Sie selbst eignet sich bestens zur Verwendung in der Küche und zum Gewinnen von Duftgeranienöl. Ich lege gern ein Blättchen in die Teedose. Das verleiht Schwarztee ein feines Aroma. Da Duftpelargonien aus Südafrika stammen, schätzen sie ein warmes Plätzchen und durchlässiges Substrat. Bloß nicht zu feucht halten.

Wider den Kataloggarten – Ideen sind gefragt

Die besten Gärten sind immer diejenigen, in denen eigene Ideen umgesetzt und individuelle Lösungen gefunden wurden. Das sind die Gärten, die mich inspirieren und die ich bewundere. Natürlich sind diese Einfälle oft so originell und eigenwillig, dass sie in einem anderen Zusammenhang nicht funktionieren würden. Aber gerade das macht ihren Charme aus. Den See, den eine Bekannte vor ihrem Bauernhaus angelegt hat und der dort wunderbar überraschend aussieht, möchte ich vor meinem Haus nicht haben. Und auch die zugegebenermaßen prächtige Lavendelböschung mit der geschwungenen Natursteinmauer hinter dem Haus meiner Eltern in Frankreich wäre nichts für mich. Das ist ein bisschen wie mit einem maßgeschneiderten Kleid, das kann ich meiner besten Freundin auch nicht ausleihen, weil es eben nur mir passt.

Fantasie und Improvisation

Was mir auf den Leib geschneidert wurde oder was im Garten für mich und meine Familie funktioniert, muss für jemand anderen noch lange keinen Sinn machen. Und es würde nicht einmal gut aussehen, wenn man es 1:1 überträgt. Jedes Grundstück ist eben anders. Jedes Grundstück verlangt nach seinen eigenen Lösungen. Besonders in älteren, eingewachsenen Gärten sind pragmatische Ansätze gefragt. Hier gilt es zu sehen, wie man Vorhandenes einbeziehen kann und das Beste aus einer beispielsweise schrägen Treppe mit unregelmäßigen Stufen herausholt. Oder wie man diese merkwürdige Mauer eventuell doch integrieren kann, die sich zwei Meter von der Grundstücksgrenze entfernt scheinbar aus dem Nichts erhebt. Hier helfen die Designbücher mit den Musterskizzen und die Standardvorschläge aus den Gartenheftchen auch nicht weiter. Hier gilt es vielmehr, seine eigene Vorstellungskraft zu bemühen und sich etwas auszudenken.

Die besten Ideen kommen mit den Jahren

Und was soll mit der geköpften Birke passieren, die mitten im neu angelegten Rasen steht und die noch viel geköpfter wirkt, seit ringsherum alles schön neu gemacht ist? Auf den hässlichen Stumpf ein Baumhaus setzen? Oder gar ein Pfauennest? Dann sähe es am Ende so aus, als müsste die Birke einfach geköpft sein, als würde alles andere gar keinen Sinn machen.

Oft braucht man einige Jahre, um auf die richtige Idee zu kommen. So bereue ich ein bisschen, meine geschwungenen Beete schon im ersten Jahr angelegt zu haben. Später habe ich begriffen, dass ich den Zaun hätte wegnehmen können und gar keine Beete anlegen müssen – so würde unser Grundstück nahtlos in die Wiese des Nachbarn übergehen, und wir hätten nichts als den Blick auf die Alpen vor dem Haus. Nun sind aber meine geschwungenen Rosenbeete eben da. Und solange ich nicht weiß, wohin mit den Rosen, bleiben sie erst einmal, wo sie sind.

„Jedes Grundstück
verlangt nach seinen
eigenen Lösungen."

Klein genug für den Nachttisch

Eine andere Variante eines „gartenlosen Gartens" hatte seinerzeit die legendäre englische Gartenkolumnistin Vita Sackville-West erfunden. Sie schuf für eine kranke Freundin einen Miniaturgarten in einem kleinen Terrarium und stellte ihr diesen ans Krankenbett. Nebst ausgedienten Terrarien lassen sich vor allem große Goldfischgläser oder auch eine hübsche alte Glasvase in ein Gärtchen umwandeln. Für die Bepflanzung bestens geeignet ist das große Sortiment der kleinwüchsigen Alpenpflanzen, damit lassen sich ganze Miniaturlandschaften anlegen. Auch Schneeglöckchen, Zwergtulpen oder Krokusse gedeihen in einem Miniaturgarten bestens, allerdings sollte man diese an einem nicht allzu warmen Ort aufstellen, weil sie sonst rasch verblühen.

Wenn Gemüse auf Reisen geht

In Gefäßen fühlen sich nicht nur Zimmerpflanzen, Sommerblumen und Kübelpflanzen wohl, sondern auch die meisten Gemüsearten. Und das macht richtig Spaß. So lässt sich auch ein kleiner Balkon in ein Naschparadies verwandeln. Von der Brüstung hängen Kirschtomaten und Erdbeeren herab und aus einem alten Seemannskoffer wächst Salat. Und warum sollte ein moderner Stadtnomade sein Gemüse nicht gleich im Leiterwagen ziehen? Das wäre dann der ultimative Garten für alle, die sich nirgends richtig zu Hause fühlen. In Frankreich habe ich einmal sogar einen Autogarten gesehen: Tomaten und Melonen rankten fröhlich an den mit Schnüren bespannten Scheiben eines ausgedienten VW-Busses empor. Auch Auberginen und Gurken ließen sich so ziehen.

FÜR STADTNOMADEN

Gerade wer oft umzieht und mitunter nicht weiß, wo er hingehört, braucht einen Garten oder zumindest einige prächtige Kübelpflanzen, die zum Haushalt gehören und jeweils mit umziehen. Zur Not tut es auch ein stattlicher Gummibaum, wenn man mal dringend etwas Grünes braucht, um sich festzuhalten. Oder eine Birke. Birken sehen in Zinkwannen oder modernen Edelstahlkübeln prächtig aus, und sie gedeihen jahrelang im Topf auf dem Stadtbalkon – sogar in windiger Höhe. Ein Zinkbehälter mit lachsfarbenen Pelargonien, die meine Tante mir mal geschenkt hatte, begleitet mich sogar von einem Gartentisch zum anderen, je nachdem, wo ich gerade arbeiten will oder wo noch etwas Farbe gebraucht wird. Pelargonien sind immer gut, um etwas gute Laune herbeizuzaubern. Viel mehr als einige schöne Pflanzen und ein dazu passendes Gefäß braucht es meist gar nicht.

ACHTUNG UNTERMIETER

Beim Bepflanzen eines Miniaturgärtchens darauf achten, dass am Anfang keine Blattläuse und andere Schädlinge in das Glas kommen. Einmal drin, vermehren sie sich dann wie verrückt, und man wird sie kaum mehr los.

Dankbare Riesen, originelle Zwerge

Bei Bekannten, die einen großen Garten haben, wächst der Alant dem Himmel entgegen, ein prächtiger Anblick! Und sie versichern mir, dass sie gar nichts tun würden – ist der Alant einmal angewachsen, kommt er jedes Jahr wieder. Nur Platz braucht er! Auch *Gunnera*, der Riesenrhabarber, braucht Platz. So imposant und stark er aber aussieht, in unseren Breitengraden macht ihm der Winter zu schaffen. Wer in halbwegs mildem Klima gärtnert, decke die Kronen den Winter über mit Stroh ab und lege dann einige der größten Blätter wie ein Zelt darüber. Auch Bananenstauden, die in einem Sommer meterhoch werden können, lassen sich auf diese Weise, und mit etwas Glück, durch den Winter bringen.

Giganten unter sich

Ohne weiteren Aufwand gedeihen hingegen Riesensonnenblumen. Bei mir tauchen sie im Garten an allen möglichen Orten auf, weil ich wohl immer ein paar Samen mit dem Kompost verschleppe. Aber mir soll es recht sein, auch wenn die so unvermittelt aus dem Rosenbeet ragende, drei Meter hohe 'Russian Giant', eher etwas ulkig aussieht. Auch die *Ligularia dentata* 'Desdemona' schiebt ihre braunen Elefantenohren jedes Jahr zuverlässig zwischen den Frauenmantel-Büscheln hindurch, und im Spätsommer überrascht sie mit orangefarbenen, margeritenähnlichen Blüten. Da noch Lücken im Beet klafften, nachdem ich alle Dahlien versorgt hatte, pflanzte ich im Frühling kurzerhand Rhizinus dazu. Mit seinen roten Riesenfingern greift er rasch um sich, und ein noch junges Beet gleicht bald einem tropischen Dschungel.

Kleine Mitbringsel

Im Kleinen brilliert hingegen *Echeveria glauca* mit ihren orangegelben Glöckchenblüten. Am besten zieht man sie in einem schönen Gefäß auf dem Gartentisch, wo man sie immer vor Augen hat. Und im Winter stellt man sie ins Treppenhaus, da sie keinen Frost verträgt. Echeverien sind übrigens ganz leicht zu vermehren. Einfach die Zweiglein abbrechen und in ein neues Töpfchen stecken! Sie wachsen immer und eignen sich gut als kleine Mitbringsel. Nie verschenken werde ich hingegen meine Zwergfunkien. Mit einiger Mühe habe ich eine kleine Sammlung dieser Kuriositäten zusammengetragen. Doch leider scheint es, dass sich Funkien umso schlechter vermehren lassen, je winziger die Sorte ist. Einige der ganz kleinen Exemplare rühren sich praktisch den ganzen Sommer über nicht, und obwohl ihnen offensichtlich nichts fehlt, bilden sie schlichtweg keine neuen Blätter. So warte ich eben und übe mich in Geduld – hübsch wären große flache Schalen voll von diesen Zwergen schon!

Klein, aber oho!
Die Kunst des Minimierens

Dankbarere Zwerge finden sich bei den *Sedum*-Arten, wobei der hübsch blühende Mauerpfeffer mit seinen winzigen Blättern besonders pflegeleicht und vermehrungsfreudig ist. Es reicht, einige Blättchen abzureißen und in ein neues Töpfchen zu stecken, daraus ergibt sich im Nu eine junge Pflanze.

Oft haben gerade sehr kleine Gärten einen besonderen Charme. Hier gilt es, jede Ecke gut zu durchdenken, hier kann man es sich leisten, bis ins Detail perfekt zu sein.

Gärtnern im Quadrat

Mein kleiner Seegarten in Twann war so winzig, dass ich scherzte, er habe die Größe eines fliegenden Teppichs. Trotzdem gelang es mir dort, Rosen, Lilien, Sommerblumen und Kletterpflanzen zu ziehen, sowie genug Gemüse, Kräuter und Salat anzubauen, damit wir die ganze Saison über immer etwas Frisches für die Küche hatten. Zu diesem Zweck hatte ich in der Mitte des Gärtchens vier quadratische Beete aus Holzplanken angelegt, deren Seiten je 120 Zentimeter maßen. Ich unterteilte jedes der Quadrate mit Schnüren in weitere kleine Quadrate von jeweils 30 Zentimetern Länge. In jedes dieser Quadrätchen säte oder pflanzte ich ein anderes Gemüse, Salate oder Kräuter. In einem Feld hatten beispielsweise fünf Kopfsalate Platz. Wenn sie größer wurden, erntete ich den mittleren und ließ die vier anderen weitergedeihen. Oder ich erntete diejenigen am Rand und ließ in der Mitte einen ganz großen Salat heranwachsen. Und sobald der auch geerntet wurde und der Platz frei war, säte oder pflanzte ich sofort etwas Neues. Da auf den Quadratbeeten alles kunterbunt durcheinandergemischt wurde, hielten sich Schädlinge und Krankheiten in Grenzen. Inzwischen ist diese Methode des Quadratgärtnerns im angelsächsischen Raum vor allem in den Städten sehr populär geworden. Auch in Frankreich habe ich nun schon einige dieser Quadratgärten gesehen.

Klein, aber kostbar

Je weniger Platz man zur Verfügung hat, desto verschwenderischer kann man ihn bepflanzen. Was in einem großen Garten schlicht zu teuer wäre, ist auf dem Balkon oder auf einer Terrasse durchaus machbar: Gefäße mit Sommerblumen oder Kübelpflanzen, so weit das Auge reicht zum Beispiel. Prunkstücke, an denen man sich jeden Tag freut, sind Gold wert. Ich habe einige Lewisias, die ich mit viel Sorgfalt gieße und dünge, von denen ich jedes welke Blättchen und jeden verblühten Stängel abzupfe und die ich in den Wintergarten trage, sobald es draußen kühler wird. Sie danken mir die Mühe, indem sie in allen erdenklichen Bonbonfarben blühen!

Besonders schön ist eine lachsfarbene Sorte, die ich seit einiger Zeit umsorge, sowie die gefüllte 'Apple Blossom' mit ihren rosa-weißen Blütenröschen, die tatsächlich aussehen wie Apfelblüten – von Nahem sind sie wahre Kunstwerke.

Silbriges Laub erträgt mehr Hitze

Sonnenpflanzen, insbesondere diejenigen aus dem Mittelmeerraum, haben kleine harte Blätter. Oft sind sie silbrig und behaart, was die Verdunstung mindert. Typische Beispiele hierfür sind Lavendel, Rosmarin, Thymian, Salbei, Heiligenkraut und Beifuß. Auch Zistrosen, Lorbeer, Bougainvillea, Granatapfel, Zitronenbäumchen und Oleander haben relativ kleines, ledriges Laub, das in der Hitze nicht so schnell austrocknet.

Alle diese Pflanzen fühlen sich auf steinigen, trockenen Böden wohl. Auch auf einer sonnigen Terrasse kommen sie gut zurecht. In Gefäßen sollte man sie aber nie in Torf, sondern in durchlässiges Substrat pflanzen und für genügend Abzugslöcher sorgen. Staunässe vertragen sie gar nicht.

Wächst überall

Brandkraut (*Phlomis*), Gelbfelberich (*Lysimachia*), Herbstanemonen (*Anemone japonica*), Federmohn (*Macleya cordata*); Elfenblumen (*Epimedium*) sind Stauden, die sowohl an der Sonne wie im Schatten gedeihen. Auch der Goldnessel (*Lamium* 'White Nancy') ist es egal, was für einen Standort sie bekommt. Und der Knöterich (*Persicaria*) ist ein exzellenter Bodendecker für alle Situationen.

Zeig mir deine Blätter, und

Die Pflanze verrät einem, wo sie wachsen möchte

Um den richtigen Standort festzustellen, genügt es oft, sich nur die Pflanze genauer anzusehen. Große, weiche und fleischige Blätter mögen es meist nicht zu heiß. Funkien, Bergenien oder Ligularien fühlen sich im Halbschatten wohler. Überhaupt haben Schattenpflanzen oft weiche, fleischige Blätter und meist eher kleine Blüten in Pastellfarben, wie die Fleißigen Lieschen, Fuchsien und der Lerchensporn. Auch Efeu wächst lieber im Schatten. Einige Pflanzen gedeihen sogar an verschiedenen Standorten, teilweise halten sie im Schatten länger. Das gilt beispielsweise für Wildlilien. Auch der Scheinmohn (*Meconopsis*) aus dem Himalaja oder die Etagenprimeln halten es im Halbschatten wesentlich besser aus.

Oft werde ich gefragt, woran ich erkenne, ob eine Pflanze an der Sonne oder im Schatten gedeiht. Leider ist die Frage nicht in zwei Sätzen zu beantworten. Hier trotzdem ein Versuch, Licht ins Dunkel zu bringen: Erstens werfe ich stets einen Blick auf die Schildchen im Gartencenter oder auf die Samentüte oder in den Katalog. In diesen „Begleitbriefen" einer Pflanze steht meist schon das Nötigste. Und in der Regel sind die Angaben auch korrekt, da kann man sich durchaus drauf verlassen. Sollten diese Informationen nicht genügen, schlage ich in der großen Pflanzenenzyklopädie nach, die sich nicht zuletzt aus diesem Grund jeder Gartenfan anschaffen sollte.

SONNE ODER SCHATTEN?

Der Herkunftsort einer Pflanze gibt Auskunft darüber, welche Bedürfnisse sie hat. So brauchen alle Gewächse, die ursprünglich Waldpflanzen sind, etwas Schatten. Hierzu gehören Walderdbeeren, Efeu, Salomonssiegel, Veilchen, Farne und Moose. Auch Himbeeren, die in der Natur am Waldrand gedeihen, kommen mit etwas Schatten zurecht. Pflanzen, die aus offenen Graslandschaften wie Prärie und Steppe kommen, aber auch Pflanzen aus dem Hochgebirge bevorzugen in der Regel einen Standort an der Sonne. Das gilt beispielsweise für Sonnenhut, Rudbeckie, Steppenkerze, Aster oder Sonnenbraut.

WEISS UND LACHS MACHEN GRÖSSER

Weiße Pflanzen lassen enge, dunkle Gartenecken, düstere Terrassen und winzige Balkone größer wirken. Weiß hellt schattige Plätze optisch auf. Aber Achtung: Vor einer weißen Hauswand machen weiße Pflanzen nicht besonders viel her. Da sehen sie in Kombination mit lachsfarbenen Blüten besser aus. So gibt es schöne neue Züchtungen in diesem Farbton von den Schattenpflanzen Fleißiges Lieschen und Begonie. Für die Sonne sind lachsfarbene Pelargonien oder kleine Petunien der Sorte 'Million Bells' hübsch.

ICH SAG DIR, WO DU WÄCHST

WAS MAN BEACHTEN SOLLTE

Bauchige Gefäße sehen zwar wunderschön aus, aber spätestens beim Umtopfen zeigt sich das Problem – der Wurzelballen füllt die bauchige Form ganz aus, und es ist unmöglich, die Pflanze herauszubekommen. Entweder man zerstört die Pflanze oder den Topf. Besser von Anfang an einen passenden Plastiktopf hineinstellen, in den dann die Pflanze gesetzt wird.

DAS RICHTIGE GEFÄSS

Einzelne Pflanzen kommen erst in einem schönen, passenden Gefäß richtig gut zur Geltung. Terrakotta passt praktisch zu allen Pflanzen. Problematischer sind glasierte Töpfe, insbesondere die blauen, die vor einigen Jahren in Mode waren. In Kombination mit bunten Sommerblumen wirken sie meist geschmacklos. Besser sind Zinkgefäße oder kleine Körbe, die auch zu fast allen Pflanzen passen.

DAS BESTE SUBSTRAT

Damit Pflanzen in Gefäßen optimal gedeihen können, ist nur die beste Blumenerde gut genug, sie muss natürlich auf die Bedürfnisse der jeweiligen Pflanze abgestimmt sein. Wenn möglich sollte sie keinen Torf enthalten. Der ist nicht nur ökologisch fragwürdig, sondern auch für die Pflanzen nicht besonders gut. Torf bleibt so lange nass, dass die Pflanzen bei feuchtem Wetter zu faulen beginnen. Aber einmal ausgetrocknet, lässt er sich kaum mehr befeuchten. Für Pflanzen, die sehr durstig sind, wie beispielsweise Petunien, und in Hängekörbe oder kleine Balkonkästen mische ich stets ein wasserspeicherndes Granulat unter die Pflanzerde.

GROSSE KÜBEL TRANSPORTIEREN

Um große Pflanzbehälter ins Winterquartier zu bringen, gibt es im Fachhandel spezielle Tragegurte, mit denen man die Kübel zu zweit hochheben kann. Auch eine Sackkarre leistet gute Dienste. Steht kein Helfer zur Verfügung: in die Knie gehen, Bauch einziehen und das Gefäß mit geradem Rücken anheben. Die Kraft sollte aus dem Bauch kommen, nicht aus dem Rücken! Vor dem Einwintern gilt es, die Pflanzen auf Schädlinge zu kontrollieren. Sind die Kübelpflanzen zu groß, schneidet man sie so weit zurück, wie die Platzverhältnisse es verlangen.

GUT ZU WISSEN!

Völlig ausgetrocknete Töpfe bis über den Rand in ein Wasserbad tauchen und so lange warten, bis keine Blasen mehr aufsteigen. Erst dann ist die Erde vollständig mit Wasser vollgesogen.

GÄRTNERN AUF KLEINSTEM RAUM

Sie ermöglichen das Gärtnern auch da, wo es sonst unmöglich wäre: Pflanzgefäße zaubern wahre Wunder herbei. In ihnen wachsen Tomaten auf der Dachterrasse, und auf dem Balkon ranken Rosen und Clematis um die Wette. Und beim nächsten Umzug nimmt man sie einfach mit! Pflanzen in Gefäßen sind besonders pflegeleicht. Wasser und Dünger lassen sich genau dosieren, die Schnecken kommen kaum ran, welke Blüten können auf Augenhöhe entfernt werden. Aber vor allem lassen sich verschiedene Gefäße je nach Saison und ganz nach Lust und Laune umstellen und immer wieder neu arrangieren. Selbst Pflanzen, die im Garten nie gedeihen würden, wachsen in Töpfen und Kübeln. Insbesondere Azaleen oder Heidelbeeren, die saure Moorbeeterde brauchen, gedeihen hier gut. Auch Agaven und andere Mittelmeerpflanzen oder Exoten, die es gern trocken haben, wachsen im Terrakottatopf auf der Terrasse.

Auf die Knie, fertig, los!

Endlich Sommer! Die ersten warmen Tage locken auch den größten Stubenhocker ins Freie, für Gartenfreunde gibt es jetzt kein Halten mehr. Nun heißt es, sich richtig reinknien; nun wird gesät und gepflanzt, was der Rücken hält. Die Alten Rosen blühen mit den Prachtstauden um die Wette, die Clematis ranken sich in die Bäume hoch. Und bis im Gemüsegarten geerntet werden kann, landen schon mal diverse Wildkräuter in der Salatschüssel.

Lebensfreude in den eigenen grünen Wänden

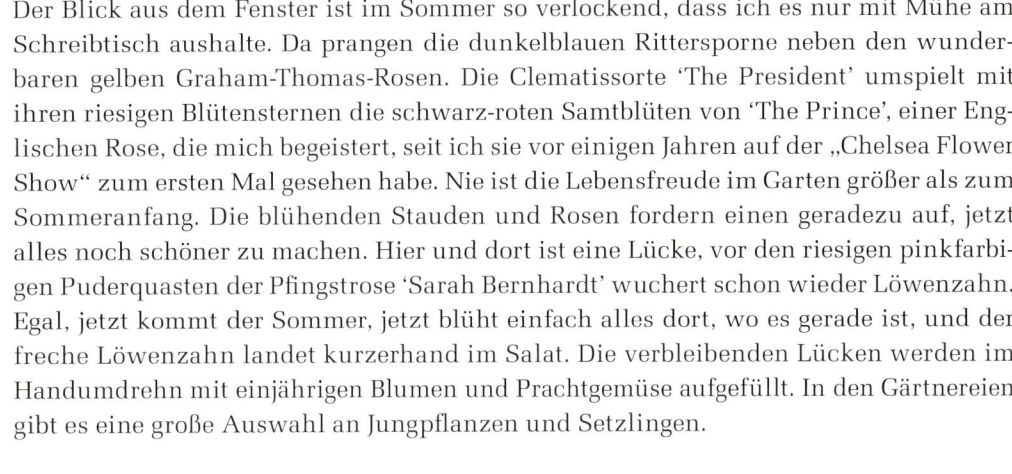

Der Blick aus dem Fenster ist im Sommer so verlockend, dass ich es nur mit Mühe am Schreibtisch aushalte. Da prangen die dunkelblauen Rittersporne neben den wunderbaren gelben Graham-Thomas-Rosen. Die Clematissorte 'The President' umspielt mit ihren riesigen Blütensternen die schwarz-roten Samtblüten von 'The Prince', einer Englischen Rose, die mich begeistert, seit ich sie vor einigen Jahren auf der „Chelsea Flower Show" zum ersten Mal gesehen habe. Nie ist die Lebensfreude im Garten größer als zum Sommeranfang. Die blühenden Stauden und Rosen fordern einen geradezu auf, jetzt alles noch schöner zu machen. Hier und dort ist eine Lücke, vor den riesigen pinkfarbigen Puderquasten der Pfingstrose 'Sarah Bernhardt' wuchert schon wieder Löwenzahn. Egal, jetzt kommt der Sommer, jetzt blüht einfach alles dort, wo es gerade ist, und der freche Löwenzahn landet kurzerhand im Salat. Die verbleibenden Lücken werden im Handumdrehn mit einjährigen Blumen und Prachtgemüse aufgefüllt. In den Gärtnereien gibt es eine große Auswahl an Jungpflanzen und Setzlingen.

Ein wahrer Augenschmaus

Prachtgemüse wie Roter Mangold, Rote Melde und der in den letzten Jahren in Mode gekommene schwarze Palmkohl aus der Toskana sehen in bunten Blumenbeeten fantastisch aus. Auch der violette Federkohl, sowie natürlich Kardy und Artischocken sind wahre Hingucker. Mitunter verwende ich auch gelbe Zucchini, denn ihre gelb-grün gemusterten Blätter füllen die Lücken im Staudenbeet rasant. Im Herbst ist es dann immer eine große Überraschung, wenn beim Abräumen hier und dort noch eine versteckte Frucht zum Vorschein kommt. Kartoffeln sind übrigens auch eine originelle Kombination zu einjährigen Sommerblumen. Ihre Knollen wachsen ja unterirdisch und stören also die Blumen nicht. Auch Salate eignen sich ganz gut, um Lücken im Vordergrund von Blumenbeeten zu füllen. Sie wachsen viel schneller als die meisten Blumen. Ich habe schon Kopfsalate vor die Dahlien gepflanzt, und sie den Sommer über extra aufschießen lassen. Es waren wahre Hingucker, und etliche Gartenbesucher hielten sie für eine ganz exklusive Rarität! Dasselbe gilt übrigens für aufgestängelten Kohl, der auch ordentlich was hermacht.

Da die einjährigen Pflanzen nur eine Saison lang leben, darf man sich hier nach Lust und Laune austoben und einfach das kaufen, was einem gerade gefällt. Wenn es dann doch nicht so gut aussieht, wählt man eben im nächsten Jahr wieder etwas anderes. Denn Gärtnern lernt man vor allem durch Ausprobieren.

WASSER MARSCH!

Blumen gießen sei ganz einfach – so lautet ein weit verbreiteter Irrtum. Tatsächlich werden nirgends mehr Fehler gemacht als beim Gießen. Nicht wenige Pflanzen gehen ein, weil sie zu viel Wasser bekommen. Dann faulen die Wurzeln, die Blätter werden nicht mehr versorgt und der Effekt ist genau derselbe, als ob sie vertrocknet wären. Es gilt also, einige Regeln zu beachten, bevor man mit der Gießkanne losmarschiert: Niemals über die Blätter gießen! Und wenn möglich nicht in der Mittagshitze gießen, außer eine Pflanze macht ganz offensichtlich schlapp und braucht dringend Wasser. In den Abendstunden, wenn die Sonne nicht mehr so heiß brennt, macht das Gießen auch wesentlich mehr Spaß. Wer wenig Zeit hat, der kann sich im Fachhandel eine automatische Bewässerungsanlage besorgen, es gibt diverse Modelle für jede Größe und jeden erdenklichen Standort. Ich persönlich ziehe es aber vor, selbst mit dem Schlauch zu wässern. So kann ich jeder Pflanze genau so viel zu trinken geben, wie sie braucht. Ich genieße diese Zeit, einfach mit dem Schlauch in der Hand herumzustehen und nichts anders zu tun als zu schauen, wie der Garten das kostbare Nass aufnimmt, derweil die Sonne die Blüten in ihr goldenes Licht taucht, bevor sie hinter dem Chasseral untergeht.

PFLANZEN, DIE DEN HALS NICHT VOLL KRIEGEN

Bei sehr durstigen Pflanzen, wie beispielsweise Tomaten oder neu gepflanzte Bäume, lohnt es sich, einen Tontopf oder ein Stück Schlauch in die Erde einzugraben. Man gießt das Wasser in den Topf oder Schlauch, von wo aus es direkt zu den Wurzeln gelangt.

NICHT AUSTROCKNEN LASSEN

Pflanzen in kleinen Gefäßen und Töpfen trocknen besonders rasch aus. An heißen Sommertagen sollte man sie daher zweimal gießen. Ist das Substrat einmal ausgetrocknet, ist es schwierig, die Erde wieder zu benetzen, insbesondere, wenn es sich um eine torfhaltige Mischung handelt.

Und dann gibt es noch diejenigen Pflanzen, die Staunässe ganz und gar nicht vertragen. Besonders bei den Zimmerpflanzen werden gewiss ebenso viele Kandidaten durch zuviel Gießen umgebracht wie durch zu wenig. Orchideen tunkt man deshalb in Wasser und lässt es dann sehr gut abtropfen. Usambaraveilchen vertragen kein Wasser auf den Blättern, daher stellt man sie in einen Unterteller mit Wasser und wartet, bis sich die Erde vollgesogen hat. Überschüssiges Wasser nach dem Gießen von Zimmerpflanzen immer abgießen!

Gesunde Pflanzen, kranke Gärtner

Eines Abends bekam ich einen Riesenschreck. Wie immer lehnte ich mich beim Zähneputzen im oberen Badezimmer aus dem Fenster. Doch diesmal stockte mir beim Anblick des Birnenspaliers der Atem. Ich sah braune gekrümmte Zweiglein, deren Laub tot herabhing. Sowieso gestresst von diversen anderen Problemen, schloss ich, dass es sich hier nur um die Fortsetzung meiner momentanen Pechsträne, also um das Allerschlimmste handeln konnte: Feuerbrand! Ich wälzte mich die ganze Nacht unruhig hin und her. Sobald ich doch etwas Schlaf fand, sah ich im Traum unseren Garten, der kahl geschlagen wurde. Schweißgebadet wachte ich auf. Dabei wurde mir bewusst, dass tatsächlich ein gutes Dutzend unserer Bäume vom Feuerbrand betroffen sein könnten. Die nächsten Stunden verbrachte ich damit, mir düstere Szenarien auszumalen. Schließlich stand ich auf und machte mich im Internet kundig über das Schreckgespenst.

Meldepflichtige Probleme

Manche Pflanzenkrankheiten und Schädlinge sind tatsächlich eine ernst zu nehmende Angelegenheit. Im Internet findet man Listen über die meldepflichtigen Plagen der jeweiligen Region. Auch bei der lokalen Behörde kann man sich darüber informieren, an den meisten Orten gibt es dazu eigens Broschüren. Bei uns stehen auf dem Index zur „Bekämpfung gefährlicher Schadorganismen" neben dem Feuerbrand noch Beifußblättriges Traubenkraut *(Ambrosia)* – eine wuchernde Pflanze, die bei vielen Menschen Allergien auslöst –, die bei Steinobst auftretende Viruserkrankung Sharka, Kartoffelnematoden und der Maiswurzelbohrer. Mit Abstand die meisten Informationen fand ich zum Thema Feuerbrand, was mich aber keineswegs beruhigte. Feuerbrand ist eine Bakterienkrankheit. In manchen Gegenden werden befallene Obstbäume mit Antibiotika behandelt, was aber sehr umstritten ist. Wenn der Feuerbrand erst einmal ausgebrochen ist, hilft nur noch das Fällen und Verbrennen der Bäume, um die weitere Ausbreitung zu verhindern.

Am nächsten Morgen rief ich bei der Gemeindeverwaltung an und bat darum, dass der zuständige Experte möglichst bald vorbeischauen möge. Tatsächlich kam er noch am selben Tag – und konnte mich beruhigen. Was aussah wie Feuerbrand, war in Wirklichkeit eine harmlose Pilzerkrankung mit dem Namen Moniliose. „Kann man sein lassen", sagte der Experte „Und wenn es Sie sehr stört, dann spritzen Sie eben nächstes Jahr mit Fungizid. Muss aber nicht sein", meinte er noch.

Gelassenheit üben hilft auch

So gefährlich einige Schadorganismen auch sein mögen, sie sind zum Glück die Ausnahme. Die Chance, dass es einen trifft, ist etwa so groß wie die Wahrscheinlichkeit, dass einem ein Eternitkasten mit Pelargonien auf den Kopf fällt.

Die meisten Gartenprobleme kann man durchaus mit leichter Hand angehen. Ein bisschen Rost hier und dort, ein paar Würmer in den Kirschen oder das Moos im Rasen – das nehme ich doch gern in Kauf, wenn ich dafür nicht mit der chemischen Keule vorgehen muss. Wie bei so vielem hilft es auch im Garten, erst einmal Gelassenheit zu üben. Mein Weidenzaun war beispielsweise über und über mit Blattläusen bedeckt, jedes einzelne Zweiglein war voll davon. Aber ich kannte das schon, es kommt jedes Jahr im Juni vor. Darum fiel es mir nicht schwer, einfach gar nichts zu tun. Und siehe da: Eine Woche später saß auf jedem einzelnen Zweiglein – glücklich schmausend inmitten der Blattlauskolonien – eine Marienkäferlarve. Sie können Hunderte Läuse am Tag fressen!

Wenn die Pflanzen tot umfallen

Sollte ein Problem wirklich überhandnehmen, ist immer noch Zeit zu handeln. Obwohl ich im Großen und Ganzen auf chemische Mittel verzichte, mache ich in einigen Fällen eine Ausnahme. Zum Beispiel streue ich das Insektizid Actara, wenn Dickmaulrüssler auftauchen, gefräßige Käfer. Mit Nematoden, die als biologische Alternative empfohlen werden, habe ich keine guten Erfahrungen gemacht. Sie sind wohl im Prinzip wirksam, aber das Wetter muss stimmen, die Temperatur muss genau richtig sein, der Boden darf nicht zu trocken und nicht zu nass sein etc. Jedes Mal wenn ich es ausprobieren wollte, hat irgendein Faktor nicht gepasst, und die Käfer fraßen weiterhin munter ihre Löcher in die Blätter meiner Rosen, Rhododendren und Lorbeerbäumchen. Das Schlimmste sind aber vor allem die Larven der Dickmaulrüssler. Sie leben in der Erde und fressen bei manchen Pflanzen sämtliche Wurzeln ab. Man sieht den Schaden aber erst, wenn die „Opfer" von einem Tag auf den andern tot umfallen. Ich konnte schon ganze Reihen Erdbeeren wegwerfen, weil sie kein einziges Würzelchen mehr hatten!

Bloß kein Schneckenstress

Die meisten Plagegeister sieht man frühzeitig und hat dann noch Zeit, etwas zu unternehmen. Schnecken beispielsweise stressen mich schon lange nicht mehr. Ich weiß genau, wann sie auftauchen – sobald die Tage wärmer werden und der Salat zu wachsen beginnt! Dann bin ich auf der Hut. Bei den gefährdeten Pflanzen lege ich Holzbrettchen als Fallen aus und sammle die darunter sitzenden Schnecken einfach ein. Und entlang des Zauns zur Wiese streue ich eine Barriere aus Schneckenkorn. Das ist mein Kompromiss – kein Schneckenkorn kommt mir in die Gemüsebeete, aber dem Rand entlang muss ich etwas tun, damit nicht ganze Heerscharen der Schleimer in meinen Küchengarten einwandern. Außerdem helfen auch die Kieswege, die ich um den Gemüsegarten herum angelegt habe. Die Schnecken können sie zwar theoretisch überqueren, aber sie tun es nicht so gern. Zusammen mit der Körnerbarriere habe ich praktisch Ruhe im Gemüsegarten. Ich möchte noch hinzufügen, dass eine neue Generation von Schneckenkorn biologisch abbaubar ist, und inzwischen enthalten fast alle Schneckenkörner Bitterstoffe, damit sie von anderen Lebewesen gemieden werden. Es lohnt sich, im Fachhandel nach den umweltfreundlichsten Produkten zu fragen!

TROUBLESHOOTING IM GARTEN

Viele Gartenprobleme lösen sich tatsächlich von selbst, wenn man nicht zu schnell eingreift und erst einmal abwartet, ob sich wieder ein natürliches Gleichgewicht einstellt.

Auch unter den Herbiziden – früher Unkrautvertilger genannt – gibt es Mittel, die hundertprozentig biologisch abbaubar sind, meist auf der Basis von Glyphosat, das teilweise sogar im Biolandbau zugelassen ist. Es hinterlässt im Boden keine Rückstände und kann auch im Gemüsegarten angewendet werden. Ansonsten bin ich eher zurückhaltend mit Herbiziden. Wildkräuter, die auf den Wegen wachsen, entferne ich mit einer Gasstichflamme. Die meisten aber lasse ich stehen. Denn vieles, was man früher als „Unkraut" bezeichnet hat, ist essbar oder erfüllt sonst einen Zweck.

FRÜH BEGINNEN

Wer seine Rosen spritzen will, sollte dies sehr früh im Jahr tun. Das Wichtigste ist die Winterspritzung, damit erst gar keine Pilzsporen überwintern. Und dann spritze ich, sobald die Rosen austreiben, alle zehn Tage. Ab Juni spritze ich bei einigermaßen vernünftigem Wetter nicht mehr und wische die Blattläuse von Hand ab. Rosen, die ich für die Küche benötige, werden selbstverständlich gar nicht behandelt.

GLITSCHIGE ANGELEGENHEIT

Blattläuse auf Rosen mit einem Schwamm abwaschen. Ein paar Tropfen Spülmittel beigeben, so werden die Blätter rutschig.

GIFT HAT IM OBSTGARTEN NICHTS ZU SUCHEN

Obstbäume mit chemischen Spritzmitteln behandeln ist total daneben, und meist auch gar nicht nötig. Lieber ab und zu ein Wurm oder etwas Schorf als auch im eigenen Garten noch mit Gift behandelte Früchte ernten müssen. Und die Bienen werden es einem auch danken.

NOTFALLTIPP

Bei einer Schneckeninvasion Bretter oder Grapefruithälften als Fallen auslegen.

WENN NICHTS MEHR GEHT

Falls einem tatsächlich wirklich mal alles über den Kopf wachsen sollte, den Rasenmäher auf die höchste Stufe stellen und einfach eine Schneise durch das Unkraut schneiden. Das kann übrigens ganz witzig aussehen! Falls man mit dem Rasenmäher gar nicht mehr durchkommt, im Fachhandel eine Motorsense (Schnurmäher) mieten. Macht zwar einen Höllenlärm und verpestet die Luft, zur Not hilft es aber garantiert.

GEFAHRENQUELLEN BESEITIGEN

Wenn mir irgendwo ein Dickmaulrüssler über den Weg läuft, dann ziehe ich schnell eine Sandale aus und erschlage ihn damit. Sie sind von allen Schädlingen in meinem Garten sicher mit die schlimmsten.

WAS SEIN MUSS, MUSS SEIN

Kranke Pflanzenteile, insbesondere von Rosenpilzen befallene Blätter, einsammeln und im Müll entsorgen oder verbrennen. Keinesfalls auf den Komposthaufen damit, weil sonst die Pilzsporen dort überleben können.

Tabula rasa oder der Traum vom perfekten Rasen

„Ich wollte einen Rasen anlegen, und zwar einen perfekten!"

Es geschah eines schönen Nachmittags Ende Mai. Wie immer um diese Jahreszeit war in meinem Garten die große Hektik ausgebrochen. Wo ich auch hinsah: Unkraut, Setzlinge, die im Wind austrockneten, Blattläuse, die über Nacht alle Rosen befallen hatten, und, und, und – ich hätte mindestens zehn Hände gebraucht und die Tage hätten mindestens 100 Stunden haben müssen. In diesem ganzen selbst gemachten Gartenstress – „Pflanz doch ein bisschen weniger", hörte ich meinen Mann aus dem Liegestuhl sagen „es verlangt ja niemand, dass du Tag und Nacht Schnecken jagst und Unkraut jätest…" – überkam mich plötzlich ein ganz und gar erstaunlicher Wunsch. Ich sehnte mich nach Ruhe, nach Grün, nach einer zarten Liegefläche. Erst als ich einige Stunden weitergeschuftet hatte, wurde mir klar, wonach mir träumte: von einem Rasen! Jawohl, ich wollte einen Rasen anlegen, und zwar einen perfekten!

Der Trend geht zum Zweitrasen

Wir haben zwar eine größere, ziemlich verunkrautete Rasenfläche, die aber den Namen Rasen nicht verdient. Es ist eine Spielwiese für meine Tochter, hier kurvt sie mit dem Dreirad herum und zieht ihre Schneisen in den nassen Boden, hier steht ihre Schaukel, hier fliegen auch mal die Bälle. Trotzdem muss auch dieser „Rasen" gemäht und gedüngt und bei Trockenheit gewässert werden. Auch schneide ich wöchentlich auf den Knien robbend die Kanten und steche sie einmal im Monat neu ab, ein bisschen Ordnung muss schon sein. Aber nein, ich wollte noch einen Rasen. Und zwar einen ohne Klee und Gänseblümchen, ohne Moos, Ehrenpreis und Löwenzahn und ohne die geringste Unebenheit. Ich träumte von einer beruhigenden grünen Rasenfläche!

Mein privates Golfräseli

Ich habe weiß Gott schon genug über Rasen gelästert. Nun mochte auch ich einen haben. Und zwar einen perfekten, einen samtweichen Teppich, die ideale Kulisse für meine neuen englischen Gartenmöbel. Schon hebelte ich die Betonplatten heraus und arrangierte sie zu einem Weg um die geplante Rasenfläche. Die verwilderten Erdbeeren mussten weichen, die Taglilien, die im Schatten der Birke eh nie geblüht hatten, folgten ihnen auf den Komposthaufen. Ihre Wurzeln ließ ich separat in Säcken verrotten, nicht dass sie auf dem Kompost weiterwucherten. Ich staunte, wie groß das Plätzchen nun wirkte. Hier könnte ich einen halben Golfplatz anlegen! Doch mit einem Blick auf den Preis für ein anspruchsvolles Golfgreen konnte ich mich gerade noch beherrschen und habe mich schließlich für 25 Quadratmeter gewöhnlichen Zierrasen entschieden. „Den darf man auch mal betreten, ohne dass er gleich Schaden nimmt", erklärte mir der Verkäufer, „er verträgt sogar gelegentlich einen Liegestuhl." Wunderbar, ein Liegestuhl klang gut! Und so gab ich meine Bestellung auf.

GRÜNE METERWARE

Rollrasen gibt es im Fachhandel als Meterware. Sobald wie möglich nach der Lieferung ausrollen.

Boden ganz gut rechen, alle Steine entfernen. Eventuell etwas Sand draufstreuen, damit auch kleine Unebenheiten verschwinden.

Mit dem Kantenschneider oder einem scharfen Spaten zurechtschneiden. Gut andrücken, dabei auf ein Brett stehen, damit keine Fußabdrücke entstehen. Die erste Zeit gleichmäßig feucht halten und nie zu gießen vergessen.

RASEN ZUM SPIELEN

Wer einen Rasen zum Spielen und Leben anlegt, sollte unbedingt robuste Grassorten wählen. Im Fachhandel gibt es extra kräftige Rasensorten, die mit einem Minimum an Pflege zurechtkommen. Manche Gräser wachsen etwas langsamer und müssen dann praktischerweise auch nicht so oft gemäht werden. Es lohnt sich, das Angebot genau zu studieren.

Auslegeware für den Garten

Rollrasen ist eine prima Lösung für Ungeduldige. Im Nu sieht alles perfekt aus und er ist auch weniger heikel als gesäter Rasen, der erst einmal keimen, wachsen und kräftig werden muss, bevor man ihn betreten darf. Gesäter Rasen keimt auch nur, wenn die Erde regelmäßig feucht ist, was heißt, dass man an Tagen mit schönem Wetter ständig wässern muss. Bei Rollrasen genügt es, an heißen Tagen einmal zu gießen. Rasen säen wäre sicher viel billiger gewesen, aber ich befürchtete, dass dann gleich wieder das Unkraut wüchse. Und die jungen Katzen meiner Tochter hätten sowieso sofort alles wieder umgegraben.

Und ja, er ist schön geworden, mein neuer Rasen! Er ist ganz wunderbar weich, wenn man barfuß darübergeht. Auch meine Tochter springt mit ihren zarten Füßen gern darauf herum. Manchmal legen wir Muster aus Blumen aus. Oder wir strecken uns auf dieser so einladenden grünen Matratze aus und sehen durch die ausgelichteten Äste der Birke hindurch den Wolken zu. Was die Pflege des Rasens betrifft, so konnte ich einen pensionierten Nachbarn dafür begeistern, auch bei uns zu mähen. Man muss doch schließlich schauen, dass alle ein bisschen was zu tun haben, oder?

Rasenschnitt aufrechen

Die Wiese oder den Rasen unbedingt mähen und den Grasschnitt aufrechen, bevor man die Gartenmöbel draufstellt. Sonst hat man dann das ganze Gras an den Schuhen und trägt es ins Haus hinein.

Spaß an Wildkräutern

So pingelig ich mit meinem neuen Rasen bin, so sehr lasse ich sonst fünf gerade sein. Genau das macht einen Garten lebendig, dass man wohl die eine oder andere Ecke sehr pflegt, im Übrigen aber die Natur walten lässt, soweit die Pflanzen es erlauben. Ich finde solche Kontraste spannend. Getrennt werden die Bereiche durch Wege oder durch Hecken. Wichtig sind nur klare Abgrenzungen. Es soll auf den ersten Blick ersichtlich sein, dass die Wildkräuter zwischen den Sträuchern gewollt sind und dass sie genauso aussehen, als gehörten sie hierher und als müsste das so und nicht anders sein. Auch mit Unkraut im Gemüsegarten halte ich es so. Die Wege werden penibel gejätet, in den Beeten aber wuchert, was eben wuchern will. Sobald das Gemüse die Anfänge überstanden hat, schaden die Beikräuter nicht mehr. Sie stören auch das Auge nicht, solange ringsherum alles schön ordentlich ist. Außerdem beschatten sie den Boden und sorgen dafür, dass die Erde nicht so schnell austrocknet. Und einen Großteil der früher als „Unkräuter" beschimpften Gewächse kann man sogar essen oder sie erfüllen sonst einen guten Zweck. Niedrige einjährige Kräuter wie die Vogelmiere und das behaarte Schaumkraut (Bitterkresse) oder der Gundermann schmecken ganz gut als Salatbeilagen. Vor allem aber bedecken sie den Boden und schützen ihn vor dem Austrocknen. In den Weinbergen werden sie darum extra stehen gelassen. Im Garten kann man sie als Bodenschutz zwischen größeren Stauden und Büschen nutzen. Das Scharbockskraut, das im Schatten unter Büschen wächst, ist ein nützlicher Bodendecker, und seine jungen Blätter sind außerdem sehr schmackhaft.

Im Schlaraffenland wächst alles von allein

Einige Wildkräuter lasse ich extra ihre Samen ausstreuen, weil sie mir gut munden. Die Melde zum Beispiel. Ich koche sie wie Spinat, sie schmeckt auch ähnlich. Jedoch hat sie gegenüber dem Spinat einen riesigen Vorteil: Wenn man sie abschneidet, statt sie auszureißen, wächst sie den ganzen Sommer über immer wieder nach. So stellt man sich das doch im Schlaraffenland vor!

Auch andere Wildkräuter schmecken gut. Giersch zum Beispiel, auch Baumtropf, Geißfuß oder Zipperleinskraut genannt. Viele Gartenbesitzer zucken schon zusammen, wenn sie nur einen dieser Namen hören. Seit ich mich mit Gärten befasse, werde ich gefragt, was man gegen dieses hartnäckige Beikraut tun kann. Giersch entspringt einem stark wuchernden Rhizom, das stets neue Triebe nach oben schickt. Das Schlimmste, was man tun kann, ist harken. Dann vermehrt er sich explosionsartig. „Einfach aufessen", habe ich jeweils salopp geantwortet. Schließlich wurde Giersch im Mittelalter als Gemüse sowie als Heilpflanze gegen Gicht angebaut und hat einen angenehm milden Petersiliengeschmack. Über längere Zeit eingenommen, entgifte er den Körper, las ich in einem Heilpflanzenbuch. „So ersparen Sie sich weitere Frühjahrskuren!", ermutigte ich also jeden, der mit dieser Pflanze ein „Problem" hatte.

„Bärlauch und Giersch ersparen die Frühjahrskur!"

Das Schreckgespenst vor der eigenen Türe

Und dann hatte ich plötzlich selbst einen Garten voller Giersch. Und erschrak erst einmal gehörig. Das Schreckgespenst vor der eigenen Tür ist natürlich noch einmal etwas anderes, als wenn man es nur vom Hörensagen kennt. Dann machte ich mich daran, meinen eigenen Ratschlag zu befolgen: Einfach aufessen. Wir aßen Giersch im Salat, Giersch als Suppe, Gierschgemüse. Die Hühner pickten Giersch, bis die Eier fast grün wurden, die Enten, die Fasane, die Kaninchen – alle mussten Giersch essen. Und wenn Gäste kamen, servierte ich meinen schon berüchtigten Gierschauflauf, dekoriert mit den fast grünen Eiern unserer schon fast grünen Hühner. Gut, ich habe vielleicht ein bisschen übertrieben. Ich gebe zu, mein Mann äußerte auch schon mal mitten im Sommer den Wunsch, ich möge doch einfach wieder gefrorenen Rahmspinat aus dem Supermarkt kochen – der garantiert nicht halb so viele Vitamine hat wie unser frisch geerntetes Unkraut! Außerdem ist diese gefrorene Pampe voller Glutamat und anderen künstlichen Zusatzstoffen, die ich schlecht vertrage. Aber alte Gewohnheiten sind bekanntlich schwer zu ändern. Inzwischen haben wir so viel Giersch geerntet, dass er praktisch ausgestorben ist in unserem Garten. Giersch hat viel mehr Vitamine als beispielsweise Kopfsalat, und enthält auch Kalium, Magnesium, Kalzium und andere wertvolle Spurenelemente. Im letzten Frühling habe ich ihn extra an einigen Stellen stehen lassen, damit er sich wieder versamen konnte – zu sehr hätte ich den inzwischen lieb gewonnenen Giersch auf dem Speiseplan vermisst.

Aber Achtung: Giersch hat einige sehr giftige Doppelgänger, darunter das tödliche Schierlingskraut. Den essbaren Giersch erkennt man an seinem dreieckigen Stängelquerschnitt.

Nützliche Beikräuter stehen lassen

Auch Löwenzahn sollte man nicht zu rigoros ausjäten. Ich grabe ihn nur dort aus, wo er empfindlichere Pflanzen bedrängt. An den Rändern und unter den robusten Büschen aber lasse ich ihn stehen. Im Frühling ergibt er einen gesunden Salat, und den Sommer über freuen sich die Kaninchen über seine saftigen Blätter.

Inzwischen habe ich sogar extra eine Unkrautecke angelegt, in der alles wachsen darf, was essbar ist. Giersch, Löwenzahn, aber auch Salatrauke, Japanischer Senf, Ringelblumen und Feldsalat. Es ist eine wilde, würzige Mischung. Und wann immer wir sonst keinen Salat haben, schneide ich dort nach Lust und Laune, was gerade besonders üppig wuchert. So entsteht keine Langeweile auf dem Teller, und irgendetwas wächst immer. „Unkraut" wurde früher vor allem so genannt, weil es eben nicht vergeht! Und heute sagt man politisch korrekt „Wildkraut" oder „Beikraut" und schaut zweimal hin, bevor man etwas ausreißt. Das nenne ich Fortschritt.

Auf Rosen gebettet – Freunde fürs Leben

Rosen gelten als schwierig und aufwändig, viele Anfänger schrecken grundsätzlich davor zurück. Aber das muss nicht so sein. Ein gut angelegtes Rosenbeet gibt weniger zu tun als beispielsweise ein Rasen, und es wird einem jahrzehntelang Freude bereiten. Gefällt es den Rosen, sind sie nicht selten Freunde fürs Leben. Für alle Rosen gilt: Man muss den richtigen Standort wählen. Und man muss sie sorgfältig pflanzen.

Bezüglich des Standorts haben Rosen zwei Wünsche: Sie brauchen Sonne und sie brauchen frische Luft. Kletterrosen, die an einer heißen Wand stehen, wo die Luft nicht zirkulieren kann, kriegen oft Mehltau. Frische Luft ist immer noch das beste Mittel gegen Pilze. Darum sollte man auch nicht zu viele andere Sachen in die Nähe von Rosen pflanzen. Rosenbegleiter wie zum Beispiel Frauenmantel, Lavendel oder Storchenschnabel pflanze ich mit einem halben Meter Abstand vor oder zwischen die Rosensträucher. Einjährige Sommerblumen, wie zum Beispiel Kosmeen, pflanze ich ebenfalls zwischen die Rosen, achte aber immer darauf, dass sie diese nicht etwa ersticken. Auch Blumenzwiebeln setze ich mit gutem Abstand vor, aber nicht zwischen die Rosen. Sonst sterben sie ab, wenn man die Rosen den Winter über anhäufelt.

Mist, Luft und Liebe

Ein Sonderfall sind wurzelnackte Rosen, wie man sie den Winter über von den Züchtern bekommt. Sie haben den Vorteil, dass man sie von weit her per Post bestellen kann. Außerdem schleppt man weniger Krankheiten und Schädlinge ein, da sie ja kein Laub haben und keine Erde an den Wurzeln haftet.

Wurzelnackte Rosen muss man sofort nach Erhalt in einem Eimer mit lauwarmem Wasser einweichen. Am besten lässt man sie einen, zur Not auch zwei, drei Tage im Wasserbad. Danach werden sie ganz normal gepflanzt, wobei man darauf achten muss, dass sie tief genug in die Erde kommen und dass die Wurzeln schön fächerartig im Pflanzloch ausgebreitet werden. Dann mit Erde auffüllen und bei jedem Wetter sehr gut angießen. Dieses Einschwemmen ist wichtig, damit sich Luftlöcher füllen und die Wurzeln richtig in der Erde kleben. Nur so können sie rasch anwachsen.

Im Herbst häufle ich meine Rosen mit einer Mischung aus verrottetem Mist und Kompost an. Dabei darf man nicht zu knausrig sein! Ich kippe jeweils einen ordentlichen Haufen auf jede Rose, sodass sie den Winter über warme Füße haben. Und dieser Winterschutz ist zugleich auch ein prima Dünger. Im Frühling verteile ich dann die Haufen über das Beet und harke alles ein wenig ein. Das organische Material zersetzt sich die Saison über langsam und gibt seine Nährstoffe an die Wurzeln ab. So brauchen meine Rosen gar keinen anderen Dünger mehr und begnügen sich mit frischer Luft – und viel Liebe. Gießen muss man Rosen übrigens auch nicht, da sie sehr tiefgründig wurzeln. Praktisch, nicht?

„Gefällt es den Rosen, sind sie Freunde fürs Leben.“

Selbst schauen ist die beste Regel

Auch eine Rosenhecke kann sehr hübsch sein – außerdem macht sie wesentlich weniger Arbeit als eine streng geschnittene Hecke aus Thujen oder Liguster. Für Hecken eignen sich Strauchrosen, die buschig wachsen, und falls etwas zusätzlicher Schutz gewünscht wird, solche mit vielen Stacheln. Diesbezüglich sind die Rugosa-Rosen gut, die außerdem robust sind und auch etwas Streusalz von der Straße vertragen. Für eine hohe Sichtschutzhecke ist die dunkellaubige *Rosa glauca* eine hübsche Wahl. Strauchrosen sehen auch in Kombination mit einheimischen Büschen gut aus. Selbst die so genannten Rambler-Rosen, die meterhoch in die Bäume klettern, sind ganz problemlos. Mit ihren hakenartigen Dornen halten sie sich selbst fest. Man muss sie nie schneiden und auch sonst nichts tun – außer einige Jahre Geduld haben, um dann im Frühsommer den Schleier aus Tausenden von kleinen Blüten zu bewundern!

Rosen schneiden ist ein beliebtes Feld für Besserwisser. Und von denen gibt es ja grad im Gartenbereich leider sehr viele. Die erste Regel lautet deshalb: Lass dich nicht verrückt machen! Wenn ich meine Rosen so und so schneiden will, dann ist das mein gutes Recht. Es sind meine Rosen. Sie stehen in meinem privaten Garten, und es geht gar niemanden etwas an, was ich damit mache. Schließlich ist der Garten zu meinem Vergnügen da, niemand muss mir da blöd kommen! Jawohl, eine solche Klarstellung über den Gartenzaun hilft manchmal, um die ärgsten Neunmalklugen etwas in die Schranken zu weisen. Es ist allein meine Entscheidung, ob ich meine Rosen nun einen oder zwei Fuß weit zurückschneide, ob ich die Hälfte der alten Triebe entferne oder nur ein Drittel. Und es ist auch egal, ob ich sie im November schneide oder erst im Frühling. Das hängt nämlich in erster Linie davon ab, wann ich gerade Zeit habe. Und den Rosen selbst ist es ziemlich egal.

Eine gute Schere muss sein

Das Wichtigste beim Pflanzenschneiden ist eine scharfe Schere, die gut in der Hand liegt. Im Fachhandel gibt es diverse Modelle. Und bloß nicht die billigste nehmen! Qualitativ gute Scheren halten lange, so man dafür Sorge trägt. Meine bewahre ich in der Schublade meines Schreibtischs auf und leihe sie niemals aus. Es gibt nichts Ärgerlicheres, als wenn einem jemand die gute alte Felco-Schere vermurkst! In der Liste der schrecklichen Gartenverbrechen, deren ich schon Zeugin wurde, kommen ganz zuoberst jene Ehemänner – es sind immer die Ehemänner, die solche Verbrechen begehen! – die mal schnell mit der Rosenschere ein Stück Draht zurechtschneiden oder einen rostigen Nagel aus der Schuppenwand reißen! Kaputte Scheren zerquetschen die Stiele und richten mehr Schaden an als etwas anderes, denn durch die Wunden dringen Krankheiten ein. Ein glatter Schnitt verheilt am schnellsten. Ja, und sauber sollte die Schere auch sein! Ich reibe sie jeweils nach Gebrauch mit Werkzeugöl ab. Noch besser wäre es, sie zu desinfizieren, damit man nicht Pilze, Bakterien und Viren verschleppt. Für diejenigen, die es genauer wissen wollen, werden allerorten Kurse zum Thema Rosenschnitt angeboten. Oft ist die Kunst des Rosenschnitts einfacher zu begreifen, wenn man einer fachkundigen Person dabei zuschauen kann. Und übrigens: Nein, es tut den Pflanzen nicht weh, wenn wir etwas abschneiden. Es tritt vielleicht Saft aus, die Pflanzen „bluten", aber sie haben keine Nerven, mit denen sie Schmerz empfinden können.

ROSENSCHNITT AUF EINEN BLICK

Gerade bei Rosen werden viel zu viele sture Regeln aufgestellt, dabei genügt es, sich die Sträucher mit etwas gesundem Menschenverstand anzusehen. Und dann schneidet man so, dass luftige Gebilde entstehen, entfernt also all diejenigen Äste, die nach innen wachsen und sich gegenseitig verletzen könnten. Dann entfernt man alle abgestorbenen Äste und alles, was krank oder kaputt ist. Und zum Schluss wird dann alles abgeschnitten, was einfach nicht schön aussieht.

CRASHKURS: PFLANZENSCHNITT FÜR ZÖGERLICHE

„Das Schrecklichste der Schrecken ist der Gärtner mit der Schere", schrieb der gärtnernde Dichterfürst Goethe. Aber manchmal muss man eben trotzdem etwas zurückschneiden. Besonders der Schnitt von Rosen ist vielen Menschen ein Mysterium, und manche sind davon sogar so eingeschüchtert, dass sie lieber erst gar keine Rosen pflanzen aus lauter Angst, sie könnten dann etwas falsch machen. Dabei reicht es für den Anfang, wenn man einige Grundsätze begreift. Sie gelten übrigens nicht nur für Rosen, sondern für alle Sträucher und Bäume.

① Alles wegschneiden, was krank oder sehr schwach aussieht. Keine Zapfen stehen lassen, die dann nur abfaulen.

② Alles wegschneiden, was einem im Weg ist oder was nicht gut aussieht. Außerdem je nach Sorte noch mehr zurückschneiden, um die Rose zu verjüngen. Wenn ich Rosen im Fachhandel kaufe, frage ich immer gleich, wie viel man bei welcher Sorte zurückschneiden muss. Am besten schreibt man sich das in sein Gartennotizbuch, das man beim Besuch in der Gärtnerei immer dabeihaben sollte.

③ Geschnitten wird immer über einem Auge oder einem Trieb. Die Pflanze wächst dann in der Richtung weiter, in die der Trieb oder das Auge zeigt.

④ Ziel der Schnittmaßnahmen ist es, offene, luftige Sträucher zu erzielen. Man schneidet also tunlichst über Augen, die nach außen zeigen.

⑤ Sich kreuzende Äste vermeiden, da sie sich gegenseitig mit ihren Dornen verletzen können.

⑥ Wildtriebe, die von unterhalb der Veredelungsstelle wachsen, immer entfernen. Am besten reißt man sie ab.

Edelrosen und Beetrosen

Diese schneidet man stark zurück, um sie zu verjüngen. Das heißt aber auch, dass man sie regelmäßig düngen muss. Am besten schneidet man sie im Frühjahr, wenn sie auszutreiben beginnen. Das ist dann der Fall, wenn die Forsythien blühen. Man schneidet auf vier bis fünf Augen von der Veredelungsstelle her gesehen zurück. Danach werden die Rosen gedüngt. Im Sommer fortlaufend Verblühtes drei Blätter weiter unten abschneiden.

Mehrmals blühende Strauchrosen

Während der Saison fortlaufend Verblühtes entfernen. Ansonsten nur wenig schneiden, um sie in Form zu behalten. Nach einigen Jahren kann man beginnen, alte Äste zu entfernen, um sie zu verjüngen.

Einmal blühende Rosen

Verblühtes nicht wegschneiden, da sie oft dekorative Hagebutten bilden. Überhaupt nur das Allernötigste wegschneiden, falls sie zu groß werden oder aus der Form geraten. Diese Rosen blühen nämlich am Holz vom vergangenen Sommer, und wenn man sie im Frühling schneidet, dann schneidet man die ganze Blütenpracht gleich mit weg.

Bodendecker und kleine Strauchrosen

Viele Sorten sind so robust, dass sie einen Rückschnitt mit der Heckenschere vertragen. Damit schafft man einen regelmäßigen, gleich hohen Blütenteppich und spart eine Menge Zeit.

Kletterrosen und Rambler

Nur wegschneiden, was im Weg ist. Ältere Pflanzen können auch nur ausgelichtet werden, aber im Zweifelsfall lieber zu wenig als zu viel abschneiden. Robuste Sorten, die an einem Torbogen zu stark wachsen, mit der Heckenschere zurückschneiden. Auf diese Art entsteht ein regelmäßig bewachsener Rosenbogen.

Hochstämmchen und Rosenbäumchen

Alle Triebe, die unterhalb der Krone wachsen, direkt am Stamm wegschneiden. Die Krone formt man je nach Sorte wie eine Edelrose oder bei Trauerstämmchen wie eine Strauchrose.

Fröhliches Rosenraten

Eine Spezialabteilung in meinem Garten sind die namenlosen Pflanzen. Entweder die Schildchen wurden von Katzen, Vögeln oder neuerdings von meiner kleinen Tochter entwendet, oder, schlimmer noch, ich habe sie selbst entfernt, weil mich ihr Anblick störte. Schließlich sollte der Garten ja aussehen, als sei er ganz von allein gewachsen – nichts sollte das Auge daran erinnern, dass hier Pflanzen hinzugefügt, ja dass sie ganz profan im Gartencenter, oder, peinlich, peinlich, gar im Supermarkt oder beim Baumarkt-Grossisten erstanden wurden, und auf deren Etikett eventuell noch ein großer oranger 50 %-Preisnachlass-Kleber prangt! Also weg mit den verräterischen Zettelchen, und bevor ich die Zeit hatte, mir die Pflanzennamen irgendwo zu notieren, sind sie schon im Müll verschwunden. Ich würde mich dann schon an die Namen erinnern, dessen war ich mir noch jedes Mal sicher. Und dann stehe ich also vor dieser hübschen rosaroten Rose, einer Englischen Rose, das scheint mir auf den ersten Blick klar, aber welche? Oder ist sie eventuell doch von Delbard, also eine französische Züchtung? So genau weiß ich es eben doch nicht mehr. Und es gibt so viele hübsche rosarote Rosen! Ich wühle in dem Schächtelchen, in das ich die Zettel jeweils stecke – für Notfälle. Nur finde ich da lange nicht so viele Schildchen, wie im Garten namenlose Rosen stehen.

Die Namen auf Töpfchen schreiben

Neuerdings habe ich mir angewöhnt, die Schildchen zwar zu entfernen, dafür die Namen aber gleich mit Ölkreide auf kleine Tontöpfe zu schreiben. Das sieht hübsch aus, und wenn man die Namen stets vor sich hat, weiß man sie dann tatsächlich irgendwann ganz sicher. Und so ist es nicht weiter tragisch, wenn meine Tochter gelegentlich die beschrifteten Töpfchen einsammelt und sie mir stolz an den Tisch bringt. Ich betrachte das als kleines Gedächtnistraining und platziere sie alle wieder auf ihren Stöcken vor den entsprechenden Rosen.

„Warum so ein Theater mit den Namen?", wundert sich mein Mann jedes Mal und meint, die Rosen blühten doch genauso schön, egal ob sie nun Königin Sowieso, Schloss Blabla oder Fräulein Dingsbums heißen. Aber mich stören diese namenlosen Rosen enorm. Am liebsten würde ich sie alle abschneiden und sie einem Fachmann zum Bestimmen vorbeibringen. Wenn mir das nur nicht zu peinlich wäre – ich müsste es doch selbst wissen! Ich habe mir sogar schon überlegt, sie zu entsorgen und durch neue Exemplare zu ersetzen, die ich dann gleich beschriften würde. Aber wenn sie so schön blühen, ist mir das dann doch zu schade. Und so muss ich halt gelegentlich passen, wenn mich Gartenbesucher fragen, wie denn diese oder jene Rose heiße. Dabei ärgern mich solche Wissenslücken sehr, wenn ich die Gärten anderer Leute besuche. Man möchte doch zumindest wissen, wie die Rosen heißen, und sei es nur, damit man daheim die Kataloge der Züchter durchgehen und sich selbst die eine oder andere Sorte bestellen kann, die einem gefallen hat.

„Ich pflanze nur Rosen mit Namen, die mir sympathisch sind."

Im Namen der Rose

Mit den Namen der Rosen ist es so eine Sache. Ich würde zum Beispiel nie eine Rose kaufen, deren Name mir nicht gefällt. Die Namensgebung ist natürlich ein Spiegel der Zeit. Aber was bei Historischen Rosen zauberhaft wirkt, ist bei solchen aus nicht so ferner Zeit oft peinlich. Wer möchte heute noch eine Rose in seinem Garten pflanzen, die 'Atombombe' heißt? Was soll man anfangen mit einer Rose, die zum Beispiel nach Helmut Kohl oder nach Helmut Schmidt benannt ist? Oder, schlimmer noch, nach irgendwelchen Sportlern oder Schauspielern? Da tut es mir teilweise richtig leid um die an sich schönen Rosenzüchtungen, die man aber dann partout nicht haben möchte, weil einem der Namensgeber unsympathisch ist. Wie verheißungsvoll klingt dagegen 'Clair Matin', die Lieblingsrose von Rimbaud! Ich habe sie bei der Einfahrt gepflanzt, wo mir ihre rosaroten Blüten zuzwinkern, wenn ich nach Hause komme. Oder 'Schneewittchen', eine meiner Lieblingsrosen und gewiss eine der besten Rosen überhaupt. Ob sie auch meine Lieblingsrose wäre, wenn sie zum Beispiel 'Aspirin' hieße? Ich wage das zu bezweifeln. Die Aspirin-Rose gibt es übrigens wirklich, es ist ein weiß blühender, gesunder Bodendecker. Aber wer möchte schon an Kopfschmerzen denken, wenn er durch den Garten wandelt? Zu meinen Schneewittchen-Hochstämmchen habe ich zwei goldene Zwergenhocker von Philippe Starck gesellt – ich nehme es mit dem Märchen nicht so genau. In England heißt die Schneewittchen-Rose übrigens 'Iceberg'. Aber wer möchte schon Pinguine zu der Rose gesellen? Da sind mir die Zwerge dann doch lieber!

Ein Hauch von Geschichte

Außerdem pflanze ich gern Rosen mit Namen von Persönlichkeiten, die mir etwas bedeuten und die zu ihren Lebzeiten auch etwas mit Rosen zu tun gehabt haben. Der englischen Malerin und Gärtnerin Gertrude Jeckyll zum Beispiel ist eine gute rosarote Rose des Züchters David Austin gewidmet. Auch Graham Thomas, nach dem eine der schönsten gelben Rosen benannt ist, war ein berühmter englischer Gärtner und Gartenbuchautor. Constance Spry, der eine meiner allerliebsten Rosen ihren Namen verdankt, war eine englische Floristin, die mit Gemüse in Blumensträußen experimentierte. Auch Mme. Isaac Pereire, Charles de Mills oder Ferdinand Pichard sind mir sympathisch, obwohl ich nicht weiß, wer genau die Namensgeber waren. Sie sind von der geheimnisvollen Aura der Geschichte umgeben. Bei 'Evelyn', einer fantastischen Duftrose von David Austin, ist der Name jedoch klar: Sie ist den Parfümeuren von Crabtree & Evelyn gewidmet.

Gut zu wissen!

Immer mal wieder mit der zweizackigen Rosen-gabel im Wurzelbereich der Rose herumstochern. Das bringt Luft in die Erde, und vor allem werden die feinen Wurzeln dabei leicht verletzt, was das Wachstum der Pflanze insgesamt anregt. Das klingt vielleicht nicht logisch, funktioniert aber!

Ein paar Läuse schaden nicht

Ah ja, und die Blattläuse. Also Blattläuse gehören wohl zu Rosen wie das Amen in die Kirche. Ich habe eigentlich noch nie Rosen gesehen, auf denen gar keine Läuse leben. Außer sie wären durch und durch vergiftet und praktisch eine Form von lebendem Sondermüll gewesen. Man denke hier nur an die Geschichten über die Rosenpflückerinnen in Kenia, die krank werden, weil die Gewächse mit dermaßen viel Chemie behandelt worden sind! Ansonsten gehören die Läuse einfach dazu, genauso wie die Dornen dazugehören. Als Erstes gilt: Nicht aufregen! Ein paar Läuse machen nichts. Und wenn es sehr viele sind, dann muss man sie eben abwischen oder mit einem scharfen Wasserstrahl abspritzen. Oder Marienkäfer aussetzen!

Bitte nicht! Asche auf mein blühendes Haupt

Rosen würden Asche mögen, lautet ein weit-verbreiteter Gärtneraberglauben. Ich erinnere mich, wie mein Vater jeweils die Grillschale über dem Rosenbeet auskippte – worauf tagelang niemand mehr an den Blüten schnuppern wollte, weil man dabei nur Asche einatmete. Tatsäch-lich gehört die Asche vom Grill in den Müll, da die Substanzen aus den Anzünderwürfeln alles andere als umweltfreundlich sind.

Rosen pflanzen, aber richtig

Rosen pflanzen ist keine Hexerei, aber man muss sich etwas Zeit dafür nehmen. Ich mache die Pflanzlöcher stets viel größer, als der Wurzelballen ist. Das heißt, ich grabe so tief, wie es geht. Wenn der Boden sehr hart und steinig ist, lockere ich ihn im Pflanzloch mit einem Pickel auf und nehme die gröbsten Steine heraus. Jetzt nur noch mit normaler Gartenerde auffüllen. Keinesfalls Kompost oder Dünger geben, sonst wachsen die Rosen zu schnell und werden schwächlich und krank. Sie sollen erst einmal langsam anwachsen und viele kräftige Wurzeln bilden. So machen sie nachher ewig lang Freude, ohne dass man sich großartig um sie kümmern muss.

Die Wurzeln über Nacht in einem Eimer mit lauwarmem Wasser gut einweichen.

Wurzeln und Triebe etwas einkürzen, sie wachsen dann schneller.

Tipps aus meiner Rosen-Praxis

Die Wurzeln auffächern und gleichmäßig auf dem Boden des Pflanzlochs ausbreiten.

Mit Erde auffüllen, gut andrücken und leicht festtreten

Gut angießen, bis keine Luftblasen mehr aufsteigen, auch bei Regenwetter

Mit etwas Stroh und Mist mulchen, damit die Rose nicht austrocknet.

Gärtnerlatein

Lathyrus odoratus, Crambe maritima, Meconopsis horridula, Leontopodium alpinum, Cardiocrinum gigangeum, Sium sisarum … Wenn ich in Pflanzenzeitschriften und Samenkatalogen aus aller Welt schmökere, lasse ich mir diese Namen auf der Zunge zergehen. Ich gebe zu: Manche Pflanzen habe ich nur wegen ihres wohlklingenden Namens gekauft. Die Tigerlilie zum Beispiel. Eine Tigerlilie – wissenschaftlich *Lilium lancifolium* – muss man doch einfach im Garten haben? Oder ein Gewächs, das den zungenbrecherischen Namen *Ligularia przewalzkii* trägt, macht einen doch neugierig? Und gar eine *Paeonia mlokosewitschii* – wer möchte die nicht haben? Die zitronengelbe Kaukasus-Pfingstrose ist eine ziemliche Seltenheit, ehrlich gesagt habe ich in meinem jetzigen Garten keine mehr. Aber allein der Name! Damit kann man in Gartenkreisen punkten. Überhaupt ist es gerade Gartenanfängern zu empfehlen, sich einige zungenbrecherische Pflanzennamen einzuprägen. Dann wird man in der Gärtnerei auch gleich respektvoller behandelt.

Vom Sinn der lateinischen Pflanzennamen

Was für den Laien wie Kauderwelsch aussieht, ist in der Tat eine größtenteils logische Angelegenheit. Und vor allem eine praktische. Es gibt weltweit Hunderttausende verschiedene Pflanzen, ohne einen eindeutigen wissenschaftlichen Namen würde da niemand mehr durchblicken. Wer zum Beispiel glaubt, eine Eiche sei einfach eine Eiche, täuscht sich gewaltig – es gibt über 400 verschiedene Eichenarten.

Die lateinischen Namen haben zudem den enormen Vorteil, dass man tatsächlich aus aller Welt Pflanzen besorgen kann, was ja dank Internet nun kein Problem mehr ist. So habe ich auch schon spezielle Narzissen oder eine besonders hübsche Traubenhyazinthe direkt aus Holland bestellt, obwohl ich kein Wort Holländisch verstehe. Wenn ich ein Dutzend *Muscari macrocarpum* oder zweihundert *Narcissus × odoratus* bestelle, ist dem Züchter sofort klar, was ich will.

Wer sich erst einmal die wichtigsten Ausdrücke eingeprägt hat, kann in Gärtnerkreisen schon mitreden. Mein Mann hat das so gemacht, dass er sich genau zwei lateinische Namen gemerkt hat: *Agapanthus* sowie *Meconopsis*. Und damit ist er bis jetzt ziemlich gut gefahren. Ich erinnere mich an einen Besuch der legendären Chelsea Flower Show in London. Es ist die größte Gartenmesse der Welt, nie sind mehr Pflanzenfans und Fachleute der grünen Branche an einem Ort versammelt. Wir waren zum Pressetag eingeladen, an allen Ständen tummelten sich Experten, die ich aus der Literatur kannte. Ich sehe meinen Mann noch genau vor mir, wie er sich am Stand der englischen „Alpine Garden Society" mit einer älteren Dame im dezenten Tweedkostüm unterhielt, die ihn offensichtlich als gleichgesinnten Experten erkannte. Das heißt, sie redete, und er warf ab und zu „Oh yes, Meconopsis, yes, yes, Meconopsis" ein, worauf die Dame ihn komplizenhaft anlächelte und zu weiteren Erklärungen ausholte. Mir wurde erst bei der Lektüre des nächsten Vereinsbulletins bewusst, dass sie die Präsidentin des wohl ehrwürdigsten aller Pflanzensammlervereine dieser Erde war!

„Obwohl ich kein Wort Holländisch kann, bestelle ich seltene Pflanzen aus den Niederlanden."

Die zehn besten lateinischen Zungenbrecher

Trachelospermum jasminoides ‘*Variegatum*’ (Sternjasmin mit pana-schiertem Laub)

Erigeron karvinskianus (Spanisches Gänseblümchen)

Dactylorhiza × braunii (Knabenkraut, eine hübsche kleine Freilandorchidee)

Paeonia mlokosewitschii (eine gelbe Baumpfingstrose aus dem Kaukasus)

Eschscholzia californica (sechs aufeinan-der folgende Konsonanten, wo gibt es das sonst!?)

Hemerocallis lilioasphodelus (eine gelbe Taglilie, die ursprünglich aus Ostsibirien stammt und in gemäßigtem Klima ziem-lich wuchsfreudig ist)

Eremurus stenophyllus (Steppenkerze)

Nectaroscordum siculum (der hübsche Zierlauch mit den hängenden Blüten-glöckchen hieß früher ganz schlicht *Allium bulgaricum*)

Ophiopogon planiscapus ‘Nigrescens’ (ein tatsächlich tiefschwarzes Schlangen-bartgras)

Zantedeschia aethiopica (eine weiße Kalla, in modernen Gärten öfter als Kübelpflanze anzutreffen)

Bärlauch

Kein Frühling ohne Bärlauch (Allium ursinum)! Ich mag das würzige Kraut im Salat, als Suppe und Gemüse, als Raviolifüllung oder in den Spätzle. Aber besonders gut schmeckt uns immer das selbst gemachte Bärlauchpesto. Das Rezept ist kinderleicht: ein Drittel Bärlauch, ein Drittel Pinienkerne, ein Drittel Parmesan oder Pecorino und so viel erstklassiges Olivenöl, dass eine geschmeidige Paste entsteht. Zum Einfrieren püriere ich nur die Bärlauchblätter und Pinienkerne mit Öl. Den Käse gebe

ich erst bei, wenn das Pesto aufgetaut ist. Sobald der Bärlauch zu blühen beginnt, werden die Blätter unangenehm scharf. Aber dann kann man immer noch die Blüten als Dekoration über den Salat streuen, und wir zehren bis in den Sommer von den Vorräten aus der Tiefkühltruhe.

Da Bärlauch ziemlich wüchsig ist und sich unter einem Gebüsch rasch ausbreitet, habe ich ihm nur eine kleine Ecke im Garten reserviert. Da pflücke ich jeweils eine Handvoll Blätter zum Würzen. Grö-

ßere Mengen, die ich zum Herstellen meines Pestos brauche, sammele ich im Wald. Sammelt man Bärlauch in der Natur, muss man nur aufpassen, dass sich keine anderen Blätter daruntermischen. Aronstab und die sehr giftigen Maiglöckchen wachsen mitunter an denselben Standorten. Doch nur die Blätter des Bärlauchs riechen nach Knoblauch.

Wer sicher gehen will, sät ihn im Garten aus. Ideal ist eine halbschattige, nicht zu trockene Ecke unter Büschen.

Mandarin-Türkenbund

Die zarte orange Schönheit des Mandarin-Türkenbund *(Lilium henryi)* ist mir zum ersten Mal im Garten einer irischen Bekannten begegnet. Sobald ich in der Schweiz einen neuen Garten hatte, habe ich mir ein paar Zwiebeln aus England kommen lassen. Die Lilie gedeiht in jedem durchlässigen Gartenboden und kann mannshoch werden. Ihre nicht sehr großen Blüten hängen grazil von den langen Stielen, wenn man sie nur auf halber Höhe anbindet – ein sensationeller Anblick. Sie

wirken fragil und exotisch und sind doch ziemlich hart im Nehmen. Außerdem vermehren sie sich ganz willig, wenn es ihnen einigermaßen gefällt.

Ein Garten ohne *Lilium henryi* wäre ein unvollständiger Garten! Schon wegen der Geschichte dieser wilden Lilie. An ihrem Beispiel lässt sich sehr gut zeigen, dass lateinische Namen nicht irgendein Unfug sind, den sich verschrobene Wissenschafter ausgedacht haben. Ganz im Gegenteil. Sie verraten den Eingeweih-

ten viel über das Wesen oder die Herkunft einer Pflanze. Im Fall von *Lilium henryi* ist jedem Kenner klar, dass es sich um eine Wildpflanze handeln muss, die eigentlich nur aus China stammen kann. Denn in China war um die Wende des vorletzten Jahrhunderts der legendäre irische Botaniker Augustine Henry auf Pflanzenjagd gewesen. Etliche seiner Entdeckungen aus den Schluchten Zentralchinas sind nach ihm benannt.

Pflanzen, die

Einjährige Sommerblumen, gesunde Rosen und pflegeleichte Stauden bringen Leben in den Garten und machen den Sommer zu einem Fest für die Sinne. Welches Vergnügen, aus dem riesigen Angebot in der Gärtnerei die schönsten Exemplare auszuwählen und damit zu experimentieren. Was für ein Spaß, sich seine eigene Pflanzenwelt zusammenzustellen und sein ureigenes grünes Paradies zu erfinden!

Freude machen

Anspruchslose Blütenwunder

„Kaum etwas ist so schwer herzustellen wie die Illusion des Mühelosen."

In Fernsehsendungen und Gartenzeitschriften wird in letzter Zeit gar viel über Design geredet, da wird von Lounges und Outdoorküchen gefaselt, Gabionen aus Stein und Glas werden aufgetürmt, Wände aus rostigem Cortenstahl hochgezogen, durchgestylte Schwimmteiche und Bachläufe werden verlegt, ja sogar ganze japanische Landschaften künstlich nachgebaut. Kiesplätze, Holzdecks und immer noch riesige Rasenflächen, die eigentlich keinen Sinn mehr machen, wo doch das Wasser knapp wird. Orangen, Granatäpfel und Zitronen stehen in riesigen Terrakotta-Kübeln, die weder in den Schwarzwald noch nach Bayern so richtig passen.

Da sieht man Sitzplätze mit überdimensionalen Kübeln, in denen knorrige, schier unerschwingliche Olivenbäume dem nächsten Winter entgegentrotzen. Ob all diesem ästhetischen Übereifer wird mitunter vergessen, dass es in einem Garten in erster Linie um Menschen und um Pflanzen geht. Erst diese erwecken einen grünen Raum zum Leben. Ihr Zusammenspiel untereinander und miteinander ist das, was einen Garten spannend macht. Hier liegt die große Herausforderung: die Wahl der geeigneten Pflanzen entscheidet, ob ein Garten als Ganzes dann befriedigt.

Alles, was Spaß macht, gibt zu tun

Leider denken viele Leute bei Pflanzen erst einmal an Arbeit. Natürlich geben Pflanzen einem zu tun, aber das muss nicht unbedingt ein Problem sein. Kochen zum Beispiel bereitet Arbeit – und macht trotzdem Spaß. Oder ein Haustier. Das will auch versorgt sein – und trotzdem hat man seine Katze oder seinen Hund gern. Überhaupt gibt fast alles im Leben, was Spaß macht, „zu tun", oder nicht? Lassen wir also diesen Einwand getrost beiseite. Meine englisch angehauchten Staudenbeete sind zugegebenermaßen eine aufwändige Sache, aber sie machen mir mehr Freude als fast alles andere. Was auf Fotos so ungezwungen und natürlich aussieht, ist das Resultat genauester Planung und mehrerer Stunden Arbeit täglich. Denn nur wenn wirklich jedes Detail stimmt, sieht das Ganze so locker aus, als wäre es einfach von selbst gewachsen. Nichts ist so schwer herzustellen wie die Illusion des gänzlich Mühelosen. Umso größer ist das Glück, wenn das Kunststück gelingt, wenn für wenige Tage oder auch nur für einige kostbare Abendstunden im goldenen Licht der untergehenden Sonne plötzlich alles genauso aussieht, wie ich es mir erträumt habe! Und da stehe ich dann ehrfürchtig und bewundere den pflaumenfarbigen Schlafmohn, der sich grazil zwischen den Königslilien und den Englischen Rosen wiegt, während die Schneewittchen-Hochstämmchen in der herabsinkenden Dämmerung zu leuchten beginnen.

Kürzlich hatte ich eine Dame aus dem Nachbardorf zu Besuch. Meine Strauchrosen und die Kosmeen blühten gerade mit den orientalischen Lilien um die Wette, der Rasen war frisch gemäht und ich hatte in stundenlanger Kniearbeit die Kanten sauber geschnitten, alles Unkraut entfernt und die Erde gelockert. Auf dem pittoresk angerosteten Gartentisch stand ein Sommerstrauß, der aussah, als hätte ich die Blumen nur grad schnell in die Vase hineingesteckt. Dabei hatte ich den ganzen Morgen an dem Strauß gearbeitet und jeder einzelne Stiel war präzise auf einem Steckigel platziert. Kurz und gut: Es sah alles wirklich ganz zauberhaft aus! Und da kommt also diese Dame aus dem Nachbardorf, sieht sich kurz um und bemerkt dann in schnippisch amüsantem Tonfall: „Wirklich ganz nett hier, mit diesen geschwungenen Blumenbeeten und den Rosen und allem, ich sage meinem Mann dann gleich, er soll nächstes Wochenende bei uns auch so etwas machen!"

Ich hab nie mehr was von der Dame gehört, ebenso wenig wie von einer anderen, nicht minder schnippischen Lady, die mit ihrem neuen roten Porsche vor meiner Gartentür angebraust kam und meinte, ich könnte ihr mal eben an einem Nachmittag kurz – und bitte gratis! – das Paradies auf Erden vor die Türe ihrer Villa zaubern.

Die genügsamsten Stauden

Zu den bescheidensten Stauden gehören Frauenmantel, Margeriten, Schafgarben, Katzenminze, aber auch Astern und Fetthennen. Von den Schafgarben gibt es inzwischen viele Sorten in unterschiedlichen Farben. Besonders hübsch sind die roten Züchtungen. Auch gelbe Schafgarben sehen gut aus, zum Beispiel zusammen mit blauen und weißen Flockenblumen. An sonnigen Standorten gedeiht der Sonnenhut, gut kommt er zusammen mit Rittersporn zur Geltung. Ich habe die beiden in meinem Staudenbeet zusammen mit Dahlien so dicht gepflanzt, dass die Rittersporne praktisch von allein stehen. Stehen Rittersporne allein, muss man ihre Blütenstängel aufbinden, da sie sonst beim erstbesten Wind umkippen. Der niedrige Rittersporn *(Delphinium* 'Piccolo') ist daher viel pflegeleichter als seine großen Verwandten. Er steht auch an einem windigen Platz von allein.

Auch Lupinen sind im Prinzip pflegeleicht, wenn sie nicht gerade einer Läuseplage anheimfallen. Mit ihren großen bunten Blütenkerzen machen sie richtig was her. Es gibt sie in vielen lebendigen Farbkombinationen. Einfach nur eine Reihe oder eine größere Gruppe von Lupinen sieht immer gut aus. Besonders standfest sind die neuen Westcountry-Prachtlupinen. Sie bestechen durch extragroße Blütenstände und auffällige, leuchtende Farben. Die Sorte 'Chameleon' wechselt beim Aufblühen sogar die Farbe!

„Das machen wir dann nächstes Wochenende auch mal so!"

Nicht ganz alltägliche Hingucker

Ein pflegeleichtes Highlight für die heißen Hochsommertage ist der Sonnenhut. Er ist absolut winterhart, robust und anspruchslos. Gießen muss man ihn auch nicht, denn aus seiner Heimat in der Prärie des Wilden Westens ist er an Trockenheit und heißes Wetter gewohnt. Ich mag die weißen Sonnenhüte besonders gern. In den letzten Jahren sind auch orangefarbene und apricotfarbene Züchtungen aufgetaucht, die aber noch recht schwer aufzutreiben sind. Seine Verwandten, die Rudbeckien, werden auf Deutsch manchmal ebenfalls Sonnenhut genannt. Tatsächlich haben sie dieselben, sprich wenige Ansprüche. Sie wollen einfach nur ein Plätzchen an der Sonne!

Eine besonders pflegeleichte Staude für sonnige, trockene Standorte ist die Königskerze, die ganz von allein wächst und jedes Jahr von Neuem auftaucht, wenn man sie nur in Ruhe gewähren lässt. Allerdings wird sie von ordnungswütigen Gärtnern gern als Unkraut beschimpft. Äußerst genügsam sind auch alle *Sedum*-Arten, wobei für Staudenbeete insbesondere die beliebten herbstblühenden Fetthennen *Sedum* 'Herbstfreude' und *Sedum telephium* 'Atropurpureum' infrage kommen.

Immer gut gedeiht auch Zierlauch *(Allium)*, allerdings braucht er niedrig wachsende Begleiter, da sein Laub nicht sehr dicht wird. Nicht zu hohe Einjährige sind hierfür ideal, überhaupt alles, was einigermaßen zart ist und niedrig genug, damit der Zierlauch seine Blütenköpfe in die Luft erheben kann. *Alyssum* oder Lobelien sind die Klassiker zur Unterpflanzung schlechthin.

Stauden für den Halbschatten

An einem weniger sonnigen Standort macht sich der Goldkolben *Ligularia dentata* 'Desdemona' gut. Seine großen braunen Blätter wirken schön im Kontrast zu den gelben Blüten. Ein nicht ganz alltäglicher Hingucker ist auch das Brandkraut. Es wächst ohne weitere Pflege, braucht so gut wie nie Wasser und muss nicht aufgebunden werden. Und doch kommt es alle Jahre wieder und breitet sich langsam zu einem dichten Teppich aus. Das ist besonders praktisch, wenn man neben einer Wiese gärtnert. Je dichter die Stauden wachsen, desto weniger Chancen haben die Beikräuter, ihren Samen in den Garten herüberzuwehen!

Soweit man die Schnecken im Griff hat, sind auch die beliebten Funkien recht problemlos zu halten. Und sie sind die sichere Wahl für alle, die Angst haben, ihr Garten könnte zu bunt werden oder jemand möchte ihnen einen schlechten Geschmack unterstellen! Funkien sind das Pendant zum „Kleinen Schwarzen" in der Mode, sie passen eigentlich immer. Auch das Lungenkraut ist eine gute Wahl für Schattenbeete, zusammen mit Farnen sieht es besonders hübsch aus.

WIE IN DER NATUR

Beliebt sind in den letzten Jahren wiesenartige Pflanzungen mit starkwüchsigen Stauden und Gräsern. Sie haben den Vorteil, dass die Pflanzen einander gegenseitig stützen, und da dicht gepflanzt wird, kommt auch kein Unkraut mehr durch, sobald das Ganze erst einmal gut angewachsen ist. Bestens geeignet für diesen Präriestil sind Schafgarben, Rudbeckien, Sonnenhut sowie die beliebte Aster x frikartii für den Herbst.

FARBENFROHE WEGBEGLEITER

Kalifornischer Mohn kann auch zwischen Wegplatten oder in eine brachliegende Ecke gestreut werden. Dasselbe gilt für das Silberblatt (Lunaira) und Boretsch, die jedoch etwas höher werden und darum auch besser am Wegrand stehen.

TAUSENDUNDEINE NACHT

Der Orientalische Mohn ist ein prächtiger Hingucker. In windigen Lagen muss man die Stauden lediglich etwas aufbinden, damit sie dann unter dem Gewicht der Blüten nicht auseinanderfallen. Oder man pflanzt ihn recht dicht zusammen mit anderen Stauden, sodass sie sich gegenseitig Halt geben. Frauenmantel ist ein guter Begleiter, der Mohn kann dann seine unter der Blütenlast gebogenen Stiele auf das Kissen ihrer gelbgrünen Blüten legen, was ganz malerisch aussieht.

BAUERNGARTEN-KLASSIKER

Der Bauerngartenklassiker Lupine wächst auf jedem sonnigen Beet und kommt ohne viel Pflege jedes Jahr wieder. Lupinen lassen sich auch leicht selber aus Samen vermehren. Einfach die reifen Samen ernten und woanders gleich wieder aussäen.

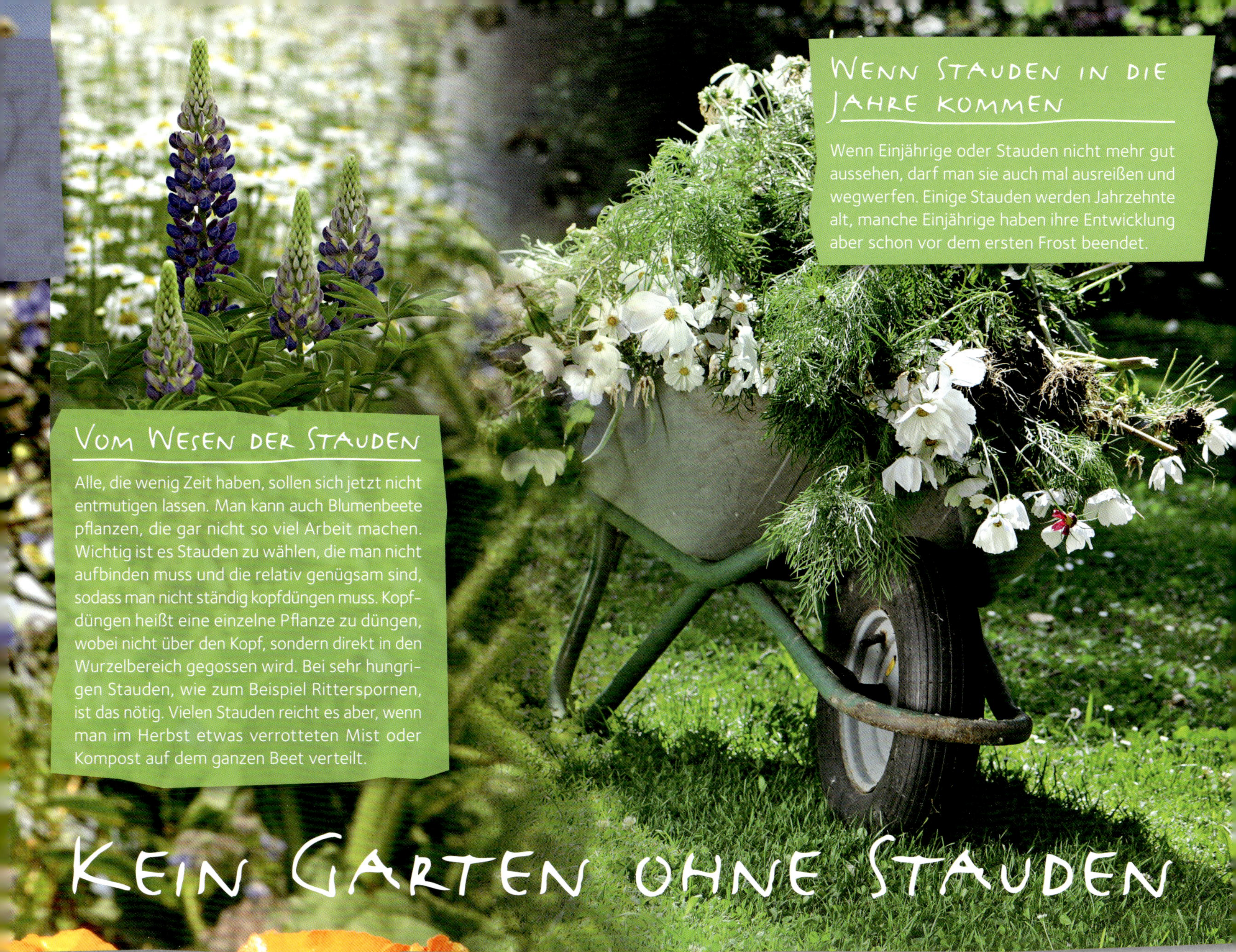

Kein Garten ohne Stauden

Wenn Stauden in die Jahre kommen

Wenn Einjährige oder Stauden nicht mehr gut aussehen, darf man sie auch mal ausreißen und wegwerfen. Einige Stauden werden Jahrzehnte alt, manche Einjährige haben ihre Entwicklung aber schon vor dem ersten Frost beendet.

Vom Wesen der Stauden

Alle, die wenig Zeit haben, sollen sich jetzt nicht entmutigen lassen. Man kann auch Blumenbeete pflanzen, die gar nicht so viel Arbeit machen. Wichtig ist es Stauden zu wählen, die man nicht aufbinden muss und die relativ genügsam sind, sodass man nicht ständig kopfdüngen muss. Kopfdüngen heißt eine einzelne Pflanze zu düngen, wobei nicht über den Kopf, sondern direkt in den Wurzelbereich gegossen wird. Bei sehr hungrigen Stauden, wie zum Beispiel Ritterspornen, ist das nötig. Vielen Stauden reicht es aber, wenn man im Herbst etwas verrotteten Mist oder Kompost auf dem ganzen Beet verteilt.

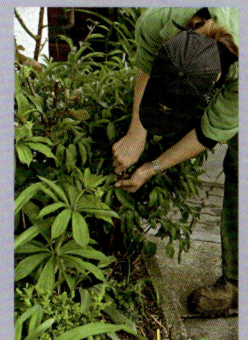

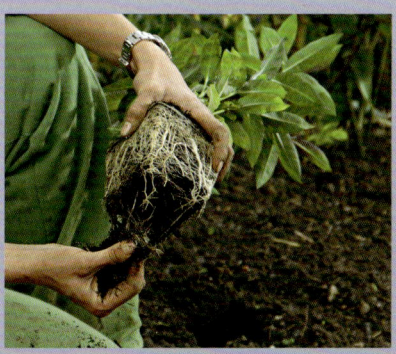

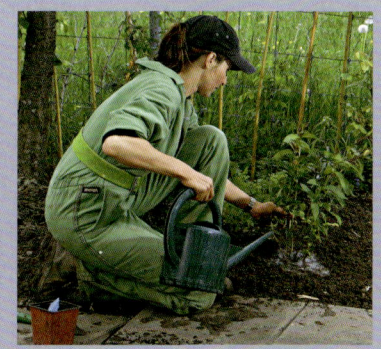

Stauden teilen

Die meisten Stauden lassen sich leicht teilen. Im Herbst oder im Frühling die Wurzelklumpen ausgraben, dann beherzt mit dem Spaten oder mit einem großen Messer in mehrere Teile schneiden. Dabei müssen an jedem Teil einige Triebspitzen verbleiben. Wenn nötig, Wurzeln etwas zurückschneiden, damit sie kein Knäuel bilden. Jedes Stück einzeln wieder einpflanzen und gut angießen, so einfach geht das.

Schnelle Problemlöser direkt säen

Samen sind die wahren Wunder der Gartenwelt. Zahlreiche einjährige Sommerblumen lassen sich kinderleicht ziehen. Außerdem kosten sie nicht viel, und falls tatsächlich etwas schiefgehen sollte, kann man immer noch in der Gärtnerei Setzlinge nachkaufen – das ist auch nicht sehr teuer. Zu den besonders einfachen Einjährigen gehören Godetien, Zinnien, Tagetes, aber auch Schlafmohn, der immer wieder auftaucht, wenn es ihm gefällt. Weitere Kandidaten sind Spinnenblumen, Kosmeen sowie die hellgrünen Muschelblumen, die sich in jedes Gartenbild gut einfügen. Tagetes und Ringelblumen sind sehr einfach zu ziehen, aber ihre grellen Farben sind Geschmacksache. Ich sehe sie lieber im Küchengarten als in den Blumenbeeten. Auch Kalifornischer Mohn, dessen Blüten sich bei trübem Wetter zu spitzen Hütchen schließen, wächst in einer sonnigen Ecke ganz problemlos. Ich säe sie in die Ritzen zwischen den Wegplatten. Witzig sehen Wachsblumen (*Cerinthe major* var. *purpurascens*) aus. Mit ihrem blaugrauen wächsernen Laub und den hängenden purpurfarbenen Blütenglöckchen sind sie ein überraschender Hingucker. Sie sind mit dem Borretsch verwandt und ihre Samen sind ebenfalls recht groß und einfach zu handhaben.

Kinderstube auf der Fensterbank

Viele Blumen gedeihen besser, wenn man sie erst einmal in einer Saatschale sät und an einem schneckensicheren Ort aufstellt. Wärmeliebende Pflänzchen wie Petunien und Pelargonien schätzen eine sonnige Fensterbank. Statt die hässlichen grünen Plastikschalen aus dem Handel zu verwenden, improvisiere ich mit alten Holzkisten, Eierkartons und Fruchtkörbchen. Zum Beispiel lassen sich sechs abgeschnittene Wasserflaschen in eine Bordeauxkiste stellen, um darin Edelwicken zu ziehen. Auch Plastikbecher sind praktisch. Der häufigste Anfängerfehler ist übrigens, zu dicht zu säen. Oft sind so viele Samen in einer Tüte, dass man damit einen ganzen Park begrünen könnte. Drei bis fünf kleine Samenkörner genügen pro Jogurtbecher. Bei größeren Samen reichen zwei. Wer direkt ins Beet sät, streut dichter, damit auch die Schnecken etwas davon haben. Angebrochene Samentüten immer gut verschlossen aufbewahren oder sie mit Freundinnen tauschen.

Pflegeleicht und robust

Besonders einfach zu ziehen sind viele Wildpflanzen, wie zum Beispiel die Königskerze, die mit ihren pelzigen Blättern und der meterlangen gelben Blütenkerze ein wahrer Hingucker ist. Ich lasse immer welche versamen, auch wenn einige Zaungäste die Nase rümpfen. In der Tat sind viele Pflanzen, die bei manchen überfleißigen Gärtnern als „Unkraut" gelten, gerade sehr pflegeleichte, dankbare Gartengäste. Mohn zum Beispiel,

wenn es ihm gefällt – Mohn kommt entweder wie verrückt oder gar nicht. Das hängt vom Boden, vom Wetter und von einigen anderen undurchsichtigen Faktoren ab. Auch Kornblume, Wegwarte, Skabiose, Malve und Rainfarn machen eigentlich nie Schwierigkeiten, wenn sie einmal ein passendes Plätzchen gefunden haben.

Lachende Sonnen

Sonnenblumen kennt jedes Kind, und tatsächlich sind sie kinderleicht zu ziehen und es gibt unzählige Sorten. Immer wieder kommen Neuheiten auf den Markt, die auch versierte Gartenfans überraschen. Sie haben bisher noch in jedem meiner Gärten geblüht. Was könnte die übermütige Stimmung des Spätsommers besser einfangen als ihre lachenden Gesichter? Außerdem freuen sich im Herbst die Vögel über die feinen Kerne.

Man sät sie im Frühling aus und passt auf, dass die Schnecken sie nicht gleich fressen. Danach wachsen sie ohne viel Zutun. Sobald sie kniehoch sind, binde ich groß werdende Sorten an Stangen. Gießen braucht man dann nicht mehr, weil sie ein kräftiges Wurzelwerk bilden. Natürlich ist Sonnenblume nicht gleich Sonnenblume. Einer meiner Favoriten ist die Sorte 'Russian Giant', die bis zu drei Meter hoch wird wenn man sie regelmäßig düngt. Es gibt auch rote, orangefarbene, zitronengelbe oder gar braune Sorten. Aber ich bin da etwas konservativ – für meinen Geschmack sollten Sonnenblumen gelb sein und mit der Sonne um die Wette leuchten. Braun ist ja dann das Herbstlaub, und das fällt weiß Gott noch früh genug.

Pelargonien für Anfänger

Viele Leute finden sie geschmacklos. Ich habe diesbezüglich immer wieder Diskussionen mit meinen Freundinnen. Aber ich mag Geranien, die genau genommen eben Pelargonien heißen. Pelargonien, die guten alten Klassiker – sie gehören zum Dankbarsten, was man auf einem sonnigen Balkon ziehen kann. Und das geht so: Ende Mai abwarten, dann in einer Gärtnerei große blühende Pflanzen kaufen. Wer kein gutes Gefühl für Farbkombinationen hat, wähle einfach nur rote oder nur weiße Geranien. Wer etwas mutiger ist, kombiniere sie mit einer zweiten Farbe oder mit anderen Sommerblumen. Gelbe Bidens und blauviolette Lobelien passen wunderbar zu roten Geranien. Die Pflanzen aus den Töpfchen lösen und in frische Balkonerde setzen, leicht festdrücken, angießen – fertig ist das Sofort-Blütenwunder. Und danach gilt es einfach, regelmäßig zu gießen, aber kein Wasser über die Blätter der Geranien kippen, sondern nur die Erde benetzen. Gelegentlich düngen und Verblühtes ausputzen, damit sich neue Knospen bilden. Mehr ist nicht zu tun. Das wahre Geheimnis des grünen Daumens aber lautet: Man muss sich mit den Pflanzen beschäftigen und sie bewusst wahrnehmen. Man muss mit ihnen reden und ihnen beim Wachsen zusehen. Denn nur wenn man sie gebührend bewundert, werden auch die einfachen roten Pelargonien wirklich wunderschön.

Im Winter trägt man die lieb gewonnenen Pelargonien ins kühle Treppenhaus oder in den Keller. Zum Überwintern schneidet man sie zurück und gießt sie dann bis im Frühling kaum mehr. Sie müssen trocken stehen, damit sie nicht schimmeln, dürfen aber nicht vollkommen austrocknen. So einmal im Monat muss man nachschauen.

Ein bisschen Botanik muss sein

Um die richtigen Pflanzen auswählen zu können, muss man erst einmal begreifen, was eine Staude beziehungsweise eine Sommerblume ist. Manche bezeichnen nämlich alles, was nicht offensichtlich ein Baum oder ein Strauch ist, als Staude. Ein Minimum an botanischer Genauigkeit muss aber schon sein, wenn man die Pflanze richtig pflegen will.

Als Stauden bezeichnet man krautige Pflanzen, deren Triebe im Herbst abfrieren. Die Wurzeln aber überwintern und treiben im Frühjahr neu aus. Stauden leben je nach Art einige Jahre bis Jahrzehnte. Büsche und Bäume haben im Gegensatz zu den Stauden Sprosse, die verholzen. Sie bilden Stämme und Astwerk, das den Winter über stehen bleibt und an dem im Frühjahr neues Laub wächst.

Als Einjährige bezeichnet man Sommerblumen, die ihren ganzen Lebenszyklus in einer Saison durchlaufen. Das heißt, man sät sie im Frühling, sie blühen im Sommer, und im Herbst bilden sie Samen. Dann gehen sie ein. Im nächsten Frühjahr wächst aus den Samen eine neue Generation heran. Zweijährige sind schließlich diejenigen Pflanzen, die ihren Lebenszyklus in zwei Jahren abschließen. Im ersten Jahr bilden sie nur Blätter und sammeln Nährstoffe, im zweiten Jahr blühen sie, bilden Samen und gehen dann ein. Damit das alles nicht ganz so einfach ist, wie es aussieht, werden viele Pflanzen, die botanisch gesehen eigentlich Stauden sind, in gemäßigten Breitengraden als Einjährige behandelt und nach einer Saison weggeworfen.

Warum die Blumen blühen

Pflanzen blühen nicht in erster Linie, um uns Gartenmenschen eine Freude zu machen. Nein, sie blühen, um Bienen anzulocken, die sie bestäuben, und um dann Samen zu bilden und sich zu vermehren. Manche Pflanzen werden auch von Nachtfaltern bestäubt, darum duften sie nachts besonders intensiv, wie beispielsweise Ziertabak, Wunderblume oder Resede. Andere dagegen werden von Fliegen bestäubt und riechen entsprechend nach Aas, die Ananaslilie ist ein Beispiel hierfür. Auch manche fleischfressenden Pflanzen stinken, um Fliegen anzulocken.

Das primäre Ziel einer Pflanze ist es also, sich zu vermehren. Daher ist es wichtig, Verblühtes auszuputzen, bevor sich die Samen bilden. Hat die Pflanze erst einmal Samen gebildet, ist ihre Aufgabe praktisch erfüllt und sie blüht dann kaum mehr. Schneidet man jedoch immer wieder alles Verblühte weg, fängt sie noch einmal von vorn an und bildet immer neue Blüten. Da dieser Prozess sie viel Kraft kostet, hilft man ihr mit regelmäßigen Düngergaben etwas nach. Im Umgang mit Blumen ist also die Schere nebst der Gießkanne tatsächlich eines der wichtigsten Werkzeuge. Mitunter muss ich an die irische Lady denken, die bei Garten-Lunches jeweils ihre Felco-Schere demonstrativ neben Messer und Löffel auf den Tisch legte. Meine Felco-Schere habe ich während der Sommermonate auch immer zur Hand, beziehungsweise in der Hosentasche.

Die besten Lückenfüller

Vor zwei Jahren musste ich meine Rosen beim Umzug sehr stark zurückschneiden. Entsprechend mickrig sahen sie im folgenden Sommer aus. Und so habe ich ihnen provisorisch Kosmeen zur Seite gestellt. Kosmeen sind wahre Zauberpflanzen. Es gibt kaum einen besseren Lückenfüller. Sie sind kinderleicht aus Samen zu ziehen und machen absolut keine Probleme. Wie von selbst bilden sie ein Blütenmeer, das richtig was hermacht. In diesem ersten Sommer erhielt ich mehr Komplimente für meine Kosmeen als für irgendeine andere Pflanze – obwohl sie mit Abstand das Einfachste sind, was ich im Garten habe.

Wunderbare Dahlien

Auch Dahlien sind prima Lückenfüller. Da ich in einer kalten Gegend gärtnere, ziehe ich meine Dahlien jeweils ab März in großen Töpfen vor. So sind sie nach den Eisheiligen Mitte Mai schon ordentlich gewachsen und bereit, mit den anderen Sommerblumen zusammen zu blühen. Ich kann sie im letzten Moment dort einsetzen, wo gerade noch ein Farbtupfer fehlt. Sie wachsen schnell und die größeren Sorten füllen auch ansehnliche Löcher innerhalb weniger Wochen aus. Ich liebe ihre samtigen, satten Farben und wähle jeweils die besonders großblumigen Sorten aus, die viele Leute als kitschig und geschmacklos verschmähen. Aber im von der Sonne ausgebleichten Augustgarten gilt: Je bunter und dramatischer, desto besser. Auch für Blumensträuße sind Dahlien unschlagbar. Sie machen ordentlich was her und halten auch in der Vase lange. Und im warmen Herbstlicht leuchten sie als Zugabe noch einmal richtig auf.

Großzügig pflanzen!

Mit Pflanzen darf man nicht knauserig sein. Hier und dort eine Petunie, da eine Margerite und dann noch die eine oder andere Pelargonie, die verloren in einem Eternitkasten steht – das sieht nicht besonders toll aus. Besser ist es, viel von der gleichen Sorte zu kaufen. So spießig eine einzelne Verbene oder eine einsame Begonie im Halbschatten wirkt, so schön sehen dieselben Pflanzen aus, wenn man sie großzügig pflanzt und als Farbflächen einsetzt. Und mischt man zwei oder drei verschieden hohe Sorten, entsteht der Effekt einer Wiesenpflanzung.

Sind im Garten größere Lücken zu bepflanzen, weil beispielsweise ein großer Strauch oder ein Baum gefällt wurde, ist es wichtig, verschieden hohe Pflanzen zu wählen und die kleinen und die großen durcheinanderzumischen – ansonsten wirkt das Ganze am Ende viel zu flach und langweilig. Und das geht so: Zunächst einmal stellt man alle Pflanzen in ihren Töpfen auf der frisch umgegrabenen Beetfläche auf, tritt ein paar Schritte zurück und versucht sich nun vorzustellen, wie das Ganze aussieht, wenn die Pflanzen gewachsen sind. Stehen sie zu nahe beieinander? Oder sind die Lücken noch zu groß? Ich pflanze oft ein bisschen dichter, weil ich dann weniger jäten muss. Und wenn der Boden ganz mit Pflanzen bedeckt ist, dann trocknet er nicht so schnell aus.

„Wenn der Boden ganz
mit Pflanzen bedeckt
ist, trocknet er nicht so
schnell aus."

Orientalischer Mohn

Manche Blumen sind nur einen flüchtigen Moment lang richtig schön. Orientalischer Mohn *(Papaver orientale)* ist so ein Fall. Es gibt unzählige Züchtungen, aber viele sehen nur am ersten Tag schön aus, manche halten gar bloß wenige Stunden. Das Wetter muss schon perfekt sein, damit sie unbeschadet übers Wochenende kommen. Wehe, es regnet oder windet, von Hagel gar nicht zu reden. Ihre Kurzlebigkeit machen sie dafür mit Opulenz wett. Im Frühsommer stiehlt der Orientalische Mohn mit seinen riesigen leuchtenden Blüten nämlich allen anderen Blumen die Show. Ich mag die intensiven orangeroten Farbtöne. Wer seinen Garten in Pastellfarben hält, wird mit Orientalischem Mohn aber auch glücklich. In dezentem Graurosa blüht die beliebte Züchtung 'Cédric Morris': die Sorte 'Black and White' eignet sich auch für Gärten, in denen Weiß die bestimmende Blütenfarbe ist. Ob dezent oder knallbunt, die Blüten des Orientalischen Mohns faszinieren mit ihrer schieren Größe und der Präsenz eines Showstars und sind doch so zart, dass sie beim kleinsten Wind zerzausen. Vor allem aber sind sie dann vom schwarzen Blütenstaub beschmutzt. Orientalischen Mohn muss man genießen, wenn er aufgeht. Dann sucht er an spektakulärer Schönheit seinesgleichen. Und trotz seines fragilen Aussehens ist er gar nicht heikel. Ins sonnige Beet gepflanzt, blüht er alle Jahre wieder.

MEINE LIEBLINGSPFLANZEN

Königslilien

Neulich ging ich abends mit meinem Mann durch den Garten. Ich zeigte ihm die Rosen, die ich frisch gepflanzt hatte und die nun zum ersten Mal blühten. Wir schnupperten hier und dort, betrachteten einzelne Blüten und fragten uns, wo sich noch etwas besser kombinieren ließe. Und plötzlich war er da, dieser äußerst intensive, unvergleichliche Duft: süß und sinnlich und so schwer, dass einem davon schwindlig werden könnte. „Die Königslilien blühen!", rief ich und war ganz aufgeregt. „Sie sind soeben aufgegangen, riechst du sie auch?" Wie ein kopfloses Huhn rannte ich von einer Ecke in die andere und suchte die Quelle dieses so ganz und gar unverwechselbaren Parfüms, aber alle Königslilien *(Lilium regale)*, die wir nun gemeinsam absuchten, waren noch geschlossen. Und dennoch lag ihr betörender Duft in der Luft, daran bestand kein Zweifel. Ich verstand nicht, wie das möglich war. Am nächsten Morgen löste sich das Rätsel mit den ersten Sonnenstrahlen, die Königslilien öffneten ihre untersten Trompetenblüten, eine um die andere gingen sie auf, wie die Sonne über die Beete wanderte und sie weckte. Ich verbrachte den ganzen Morgen damit, ihnen zuzusehen, wie sie ihre Kelche öffneten und die goldenen Schlünde mit den apfelgrünen, klebrigen Stempeln dem Licht entgegenreckten. Aber so intensiv, wie sie am Abend zuvor gerochen hatten, als sie noch geschlossen schienen, habe ich sie nie mehr wahrgenommen.

Hoch leben die Lilien

Lilien sehen so edel aus, dass man automatisch meint, ihre Pflege müsse enorm schwierig sein. Ganz im Gegenteil: Viele Liliengewächse sind denkbar einfach zu handhaben, insbesondere *Hemerocallis*, die Taglilien. In meinem Garten sind sie dermaßen gewuchert, dass ich sie gleich schubkarrenweise entfernen musste!

Auch bei den eigentlichen Lilien, die eine vielfältige Pflanzenfamilie bilden, gibt es zahlreiche pflegeleichte Arten. Alle sind im Großen und Ganzen dankbare Gartengäste.

Der Türkenbund *(Lilium martagon)* gedeiht über viele Jahrzehnte, wenn er sich wohlfühlt. Er bildet dann große Kolonien. Besonders vor Sträuchern gepflanzt und inmitten von anderen natürlich wirkenden Stauden sieht er gut aus. Orientalische Lilien hingegen, die zu den schönsten Lilien überhaupt gehören, vertragen keinen Kalk im Boden. Auf offenen, sauren Böden gedeihen sie dafür problemlos. Die Prachtlilie *(L. speciosum)* gilt in Fachkreisen als die schönste aller Lilien. Von der Größe der Blüten her ganz spektakulär ist auch die Goldbandlilie *(L. auratum)*, sie können einen Durchmesser von bis zu dreißig Zentimetern erreichen!

Einfacher zu kultivieren sind die asiatischen Lilien, die in jedem normalen Gartenboden gedeihen. Der hängende Mandarin-Türkenbund *(L. henryi)* ist die zuverlässigste und eine der ausdauerndsten Gartenlilien überhaupt. Zu den pflegeleichten asiatischen Lilien zählen auch die so genannten Pixie-Lilien, die nur einen halben Meter hoch werden und die man wegen ihrer aufrechten Blütenhaltung vielerorts auf Schnittblumenfeldern sieht. Sie duften nicht und wirken etwas vulgär, wenn sie ihre grellbunten Blüten so keck dem Himmel entgegenrecken. Die meisten Lilien haben hängende oder zumindest leicht geneigte Häupter, damit die Pollen und die Narbe geschützt sind. Das sieht viel natürlicher aus!

Altehrwürdige Schönheit

Die Madonnenlilie *(L. candidum)* gehört zu den ältesten Kulturpflanzen überhaupt, sie geht bis weit in die Zeit vor Christi Geburt zurück. Madonnenlilien fehlten in keinem Klostergarten, und bis heute gelten sie als eine der typischsten Bauerngartenpflanzen. Allerdings sind sie nicht ganz problemlos anzusiedeln. Die Zwiebeln müssen frisch verpflanzt werden, denn einmal ausgetrocknet, gedeihen sie kaum mehr. Somit ist es die einzige Lilie, die man im Sommer pflanzen muss. Auch sind Madonnenlilien etwas anfällig für Viren, man sollte sie darum nie in der Nähe von anderen Lilien oder von Tulpen pflanzen. Wenn sie aber einmal gedeihen, dann sind sie etwas vom Eindrucksvollsten, das man sich denken kann. Große Horste verströmen ein betörendes Parfüm, an den bis zu anderthalb Meter hohen Stängeln stehen manchmal zwanzig Blüten!

Neben der Königslilie *(L. regale)*, die meiner Meinung nach eine der allerschönsten Gartenpflanzen überhaupt ist, liebe ich auch die prächtige Sorte 'Golden Splendour' sehr. Sie wird mannshoch und ihre goldenen Blütentrompeten sind ein atemberaubender Anblick im hochsommerlichen Garten, ganz zu schweigen von ihrem Duft, der wahrlich berauschend ist – vor allem dann, wenn man sie in größerer Menge pflanzt.

„Die meisten Lilien sind dankbare Gartengäste, zu Rosen sehen sie besonders gut aus."

„Efeu und Reben sind ein schicker Schmuck für karge Wände."

Die besten Kletterer für Problemzonen

Wenn Hopfen und Malz einmal verloren scheint, dann hilft Ersterer: Hopfen wächst extrem schnell und klettert in einer Saison bis zu sieben Meter hoch! Er ist eigentlich eine Staude, da er jedes Frühjahr wieder neu aus den Wurzeln austreibt: man kann ihn aber auch für nur eine Saison säen. Hopfen braucht nahrhaften Boden und Dünger, um schnell zu wachsen. Aber das gilt für alle schnellen Kletterer, sie sind nun einmal hungrig.

Eine meiner Lieblingskombinationen zum Kaschieren von unschönen Wänden oder Garagen sind rote Feuerbohnen mit hellblauen Trichterwinden. Beide wachsen rasant, brauchen allerdings ein Klettergerüst. Auch an einem Torbogen sehen sie hübsch aus. Die Schönranke ist ebenfalls ein wüchsiger Kandidat und macht sich gut in Kombination mit blauen Trichterwinden oder der violetten Glockenrebe. Ein besonders charmanter einjähriger Kletterer ist die Edelwicke. Sie wird nicht sonderlich hoch, aber mit ein, zwei Samentüten lässt sich ein langweiliger Zaun in ein hübsches, romantisch duftendes Schmuckstück verwandeln.

Kletterer für viele Jahre

Gilt es eine Mauer oder eine unansehnliche Wand langfristig zu begrünen, sind diejenigen Pflanzen am wenigsten zeitaufwändig die selbstständig klettern. Efeu zum Beispiel braucht – einmal gepflanzt – eigentlich keine Pflege mehr. Mit seinen Haftwurzeln hält er sich selbst an Hausmauern, Wänden und Bäumen fest. Intakten Mauern schadet er nicht, jedoch ist es schwierig, einen ausgewachsenen Efeu wieder zu entfernen, da die Haftfüßchen auf der Mauer sichtbar bleiben. An einer schattigen Wand wirkt die Kletterhortensie sehr schön, auch sie braucht keine weitere Pflege, wenn sie einmal angewachsen ist. Sie will jedoch durchlässigen, frischen Boden und Kompost, um gut zu gedeihen. In den ersten Jahren wächst sie sehr langsam, aber mit der Zeit kann sie bis zu zehn Meter hoch werden.

Clematis montana, die Bergwaldrebe, ist ein guter Kletterer für halbwegs sonnige Lagen. Im Unterschied zu den großblütigen Sommersorten ist sie überhaupt nicht heikel und wächst problemlos bis zu acht Meter hoch. Man muss nur dafür sorgen, dass das Klettergerüst oder der Baum, an dem sie hochwächst, die Last ihrer Triebe dann auch zu tragen vermag.

Schön ist auch das Geißblatt *Lonicera periclymenum.* Es ist die Gartenform des wilden Waldgeißblatts, wächst kräftig und problemlos, blüht reichlich und duftet stark. Das Geißblatt braucht allerdings eine gute Kletterhilfe. Hinter ihm verschwinden hässliche Mauern wie von allein unter einem duftenden Blütenkleid.

Auch Knöterich gedeiht überall und ohne Umstände. Er ist aber nur für sehr große Mauern und hoffnungslose Böschungen zu empfehlen.

Rosen, die wirklich Freude machen

Bei Rosen ist die Sortenwahl enorm wichtig – es gibt Tausende von Züchtungen, und gerade wer mit dem Gärtnern anfängt, kann sich in dieser Vielzahl leicht verlieren. Während noch in den 60er- und 70er-Jahren des letzten Jahrhunderts alle Rosen großzügig mit chemischen Pflanzenschutzmitteln gespritzt wurden, hat seither ein gründliches Umdenken stattgefunden. Nun achten die Züchter in erster Linie darauf, gesunde und resistente Sorten auf den Markt zu bringen, viele der krankheitsanfälligen Rosen aus den 70er-Jahren sind inzwischen praktisch aus dem Angebot verschwunden. Was sich aber vor allem verändert hat, ist die Art, wie Rosen angepflanzt werden. Die monotonen Rosenbeete des letzten Jahrhunderts sind längst out. Heute werden Strauchrosen oder Kletterer mit Stauden und Sommerblumen kombiniert. Das fördert ihre Gesundheit, und vor allem sieht es natürlicher aus.

Auf Nummer sicher gehen

Trotz verbesserter Sorten und natürlicherem Pflanzstil muss ich zugeben, dass ich meine Rosen trotzdem spritze, jedenfalls in den Jahren, in denen wir in meinem Garten fotografieren und ich auf Nummer sicher gehen muss. Und wenn ich schon dabei bin, dann behandle ich auch gleich die Stockmalven mit Fungizid, weil ihr Laub sonst unweigerlich von Rost befallen wird. Gerade wenn das Wetter im Juni regnerisch ist, leiden viele Rosen unter Pilzerkrankungen, egal wie gut die Sorten sind und wie korrekt man sonst alles macht. Dann wird das Laub unansehnlich und schließlich fällt es ganz ab. Und nackte Rosen sehen nun einmal, man kann es drehen und wenden wie man will, nicht besonders gut aus. In anderen Jahren, wo ich den Garten nur für mich brauchte, habe ich nicht gespritzt. Einige Sorten waren dann eben im Sommer kahl, andere haben sich auch ohne chemische Hilfe gut behauptet. Diesbezüglich allgemein gültige Sortenlisten zu liefern ist schwierig, da die Widerstandsfähigkeit einer Rose von vielen Faktoren abhängt. Eine Sorte, die bei mir vielleicht problemlos gedeiht, macht in einem anderen Garten doch Schwierigkeiten. Im Zweifelsfall hilft nur ausprobieren und sich in der Nachbarschaft umsehen.

Strenge Prüfung ohne chemische Mittel

Ein guter Hinweis auf die Robustheit von Rosensorten gibt die ADR-Prüfung. Die Abkürzung steht für die Allgemeine Deutsche Rosenneuheiten-Prüfung. Dabei werden in unabhängigen Prüfgärten in klimatisch unterschiedlichen Regionen Deutschlands neue Sorten über mehrere Jahre ohne Pflanzenschutzmittel kultiviert. Diejenigen, die sich als gesund erweisen und auch sonst die Jury überzeugen, erhalten dann das begehrte ADR-Gütesiegel. Es ist die strengste Rosenneuheiten-Prüfung der Welt. Sie wird seit 1950 durchgeführt, doch bis jetzt haben erst an die 100 Sorten das Gütesiegel erhalten. Zwei ADR-Rosen, die sich in meinem Garten hervorragend bewähren, sind 'Westerland' und die gelbe Duftrose 'Sutter's Gold'. Die beiden bringen bis weit in den Herbst hinein gute Laune und Sommerstimmung ins Beet. Eine weitere ADR-Rose, die ich schon länger kultiviere, ist 'Schneewittchen', die 1983 sogar zur Weltrose gekürt wurde. In dieser „Hall of Fame" steht sie neben Berühmtheiten wie 'Gloria Dei', 'Queen Elizabeth', 'Just Joey', 'Double Delight', 'Papa Meilland', 'Pascali' oder 'Ingrid Bergman', und in den letzten Jahren kamen noch 'Bonica 82' sowie die beliebte 'Eden Rose 85' hinzu. Auch 'New Dawn' wurde schon zur Weltrose gekürt – sie ist eine weitere meiner Favoritinnen. In all meinen Gärten hat sie bisher geblüht und mit oder ohne Spritzen noch nie Probleme gemacht. Ihre Blüten haben ein angenehmes Porzellanweiß, das nur ganz leicht ins Rosarote geht. Vor einem blauen Sommerhimmel wirkt sie ganz zauberhaft, aber auch an einem regnerischen Tag hat diese zarte Farbe ihren Charme.

Ein Gebilde von graziler Eleganz

So gut viele neue Züchtungen sind, am meisten liebe ich doch die Alten Rosen. Sie sind lebendige Antiquitäten, von denen ein ganz eigener Charme ausgeht – selbst wenn sie teilweise nicht so gesund sind oder nur einmal pro Saison blühen. Auch unter den Alten Rosen wird der Titel der Weltrose vergeben. Bisher ging er an 'Cécile Brunner', 'Gloire de Dijon', 'Gruß an Tepliz', 'Mme. Alfred Carriere', 'Mme. Hardy', 'Old Blush' und 'Souvenir de la Malmaison'. Solche Auszeichnungen sind natürlich ein Stück weit Glücksache, aber gerade bei der Vielzahl der Alten Rosen geben sie doch auch einen Anhaltspunkt, welche sich allgemein am besten bewährt haben.

Meine derzeitige Lieblingsrose taucht jedoch in keiner dieser Listen auf, obwohl sie wirklich robust und gesund ist und tatsächlich schon zwei strenge Winter überstanden hat in meinem exponierten Garten, angehäufelt nur mit einem Eimer voll Mist und Stroh. 'Bloomfield Abundance' ist eine amerikanische Züchtung aus den 1920er-Jahren. Oft wird sie mit der Weltrose 'Cécile Brunner' verwechselt, der aber die charmant wirkenden verlängerten Kelchblättchen fehlen. 'Bloomfield Abundance' bildet bis zu einen Meter lange, fast blattlose Triebe, die sich äußerst elegant ineinanderranken und an denen eine Vielzahl von spitzen Knospen stehen. Daraus ergibt sich ein Gebilde von graziler Eleganz, das in der Rosenwelt ganz einmalig ist. Es erinnert mich an antike Porzellankörbchen, delikat geflochten und so fragil, dass man sie kaum zu betrachten wagt. Auch die Blüten sind sehr zart und klein, von einem lieblichen Rosa und stark gefüllt. Der einzige Nachteil dieser zarten Schönheit ist, dass sie im Handel nur schwer zu finden ist. Aber sie lässt sich gut aus Stecklingen vermehren.

„Auch meine Lieblings-
rose kriegt nur einen
Eimer Mist und Stroh."

Wenn ich nur eine einzige Rose haben dürfte, dann würde ich ein 'Schneewittchen' wählen. Sie war eine der allerersten Rosen, die ich mir gekauft habe, und seither hatte ich immer einige von ihnen, wo auch immer ich gerade war. Ihre weißen Blüten stehen so wunderschön im Kontrast zum sattgrünen, sanft glänzenden Laub. Und dieses Laub weist genau die richtige Grünschattierung auf: erfrischend und doch von einer unaufgeregten Eleganz. Die Blüten sind auf zauberhaft natürliche Art in Büscheln an den Stielen angeordnet, sodass sie sich auch in der Vase ganz wie von allein zu den schönsten Arrangements fügen. Man braucht bloß ein paar Stiele zu schneiden und sie einzustellen wie es gerade kommt: mit Schneewittchen sieht das immer gut aus! Auch im Beet fügt sich Schneewittchen in jede erdenkliche Situation. Sie passt sich ihrer Umgebung an und bleibt doch immer sie selbst. Und so hübsch sie ist, so gesund ist sie auch. Sie stellt keine besonderen Ansprüche und will einfach ein Plätzchen an der Sonne. Als Zugabe duftet sie noch angenehm. Das Schönste an Schneewittchen ist, dass sie tatsächlich den ganzen Sommer und Herbst durchblüht und ihre letzten Blüten oft erst öffnet, wenn der erste Schnee schon gefallen ist. In der Kälte bekommt sie rosarote Fleckchen, wie ein Mädchen, das schüchtern errötet – unwiderstehlich.

MEINE LIEBLINGSPFLANZEN
Rose 'Schneewittchen'

Der Morgen, an dem ich die ersten Blüten an meiner Rosa Mundi *(Rosa gallica versicolor)* entdecke, ist jedes Jahr ein Höhepunkt im Gartenjahr – bei mir blühen sie nicht selten genau zur Sommersonnenwende auf. Von ihren einfachen Blüten geht ein Zauber aus, der mich immer wieder von Neuem begeistert. Mir scheint, sie übertreffen die Erinnerungen mit jedem Mal, ihre zarte Seele lässt sich in Worten und auch auf den besten Fotos nicht einfangen. Etwas Flüchtiges haftet ihren schlichten, an den Rändern leicht gerüschten Blüten an. Sie sind so zart, dass sie sich im Wind wiegen wie die Flügel von Schmetterlingen, die Bewegung betont noch ihre perfekte Blütenform. Ja, perfekt sind sie, auch farblich, das Rosa ist nicht zu hell und nicht zu dunkel, sondern genau so, dass die goldgelben Staubfäden bestens zur Geltung kommen. Und golden sind sie, sie leuchten, sie glitzern geradezu in der Frühsommersonne. Wenn ich eine Biene wäre, würde ich in diesen warmen Junitagen nirgendwo anders landen wollen.

Außerdem ist Rosa Mundi eine robuste, praktische Rose. Da sie sowieso nur einmal im Jahr blüht, muss man sie nach der Blüte nicht einmal zurückschneiden.

MEINE LIEBLINGSPFLANZEN
Rosa Mundi

Buddha im Bambuswald

Wer glaubt, er habe nun wirklich kein Talent zum Gärtnern und dass bei ihm absolut nichts wachse, der versuche es einmal mit Bambus! Etliche Bambussorten haben die Angewohnheit, dermaßen zu wuchern, dass man so genannte Wurzelsperren bauen muss, um sie einzuzäunen. Der Plastikbuddha, den der Fotograf stilecht asiatisch vor seiner Bambushecke platziert hatte, war alsbald gänzlich im Dickicht verschwunden. Wir haben ihn fürs Foto aus dem Dschungel befreit und wieder ans Licht geholt. Aber bereits einen Monat später war er wieder eingewachsen, so sehr wuchert Bambus, wenn er einmal Fuß gefasst hat. Bambussprossen kann man übrigens essen – nicht nur diejenigen aus der Dose! Man braucht allerdings etwas Kraft, um sie zu lockern und auszureißen. Besonders lecker sind die Sprosse des Goldrohr-Bambus *(Phyllostachis aurea)* und des Schirm-Bambus *(Fargesia murielae)*.

Ausläufer in alle Richtungen

Der gewöhnliche Bambus *(Phyllostachis bissetii)* mit seinem dunkelgrünen Laub und der Goldrohr-Bambus *(Phyllostachis aurea)*, der helleres, gelbliches Laub hat, sind diejenigen Sorten, die am häufigsten für Sichtschutzhecken verwendet werden. In dieselbe Familie gehört der Schwarzrohr-Bambus *(Phyllostachis nigra)*, der auffällige schwarze Halme bildet. Alle drei wachsen bis zu sechs Meter hoch und bilden ein undurchdringliches Dickicht. Das heißt aber natürlich auch, dass sie dann nicht einfach aufhören zu wachsen, wenn die Hecke komplett ist, sondern weiterhin Ausläufer in alle Richtungen bilden. Darum pflanzt man sie mit einer Wurzelsperre. Selbst der Zwergbambus *(Pleioblastus pumilus)* hat es in sich: Er wird zwar nur 60 Zentimeter hoch, ist dafür aber umso robuster und steht in puncto Ausläufer seinen großen Verwandten in nichts nach.

Wurzelsperren gibt es im Fachhandel. Es sind Bänder aus Metall oder Kunststoff, die um die fraglichen Pflanzen herum in den Boden eingegraben werden. Man braucht sie auch für andere wuchernde Pflanzen, wie beispielsweise Taglilien, Knötericharten, Ranunkelstrauch oder Minze.

„Manche Pflanzen sind so problemlos, dass sie auch dem miesesten Gärtner über den Kopf wachsen."

Achtung, Wucherer!

Manche Pflanzen sind so problemlos, dass sie auch dem miesesten Gärtner bald über den Kopf wachsen. Ich erinnere mich mit Schrecken an die so genannte dornenlose Brombeere, die ich in meinem letzten Gärtchen gepflanzt hatte. Ich tat dies in der Überzeugung, dass sie dann bloß am Zaun entlangwachse. Tatsächlich hatte ich dann alle Beete voll mit den meterlangen Trieben, die aus völlig unerklärlichen Gründen mit den fiesesten Dornen gespickt waren, sodass man sie auch mit soliden Handschuhen kaum ausreißen konnte.

Alle möglichen Pflanzen können einem sprichwörtlich über den Kopf wachsen, wenn ihnen Standort und Klima so richtig gut behagen. Auch mit dem Gelbfelberich habe ich ähnliche Erfahrungen gemacht. In meinem jetzigen Garten ist er durch den Zaun gewandert und breitet sich nun ungeniert ins Feld des Nachbarn hinein aus – wo seine gelben Blüten zugegebenermaßen ganz nett aussehen.

Auch vor der Goldrute möchte ich eifrige Pflanzenfreunde warnen. Hat man sie erst einmal im Garten, dann wird man sie so schnell nicht wieder los.

Die heimische Flora verdrängen

Manche Pflanzen sind dermaßen wuchsfreudig, dass sie ganz offiziell zum Problem erklärt werden. Man muss sie deshalb in vielen Gegenden den zuständigen Behörden melden. Besonders gefürchtet sind die so genannten Neopythen, Pflanzen, die von irgendwo her eingeschleppt wurden und die nun durch ihr extremes Wachstum die einheimische Flora verdrängen. Einer der extremsten Neopythen ist der Japanische Staudenknöterich (*Fallopia japonica*, auch *Reynoutria japonica* oder *Polygonum cuspidatum* genannt), der ursprünglich als Nutz- und Zierpflanze kultiviert wurde, bis man begriff, wie viel Schaden er in unseren Breitengraden anrichten kann. Übrigens ist der Japanische Staudenknöterich essbar und mit Rhabarber verwandt. Er schmeckt ähnlich wie dieser, enthält aber etwas mehr Oxalsäure. Darum sollte man ihn nur im Frühling ernten und die geschälten Stängel erst blanchieren, dann mit kaltem Wasser abschrecken und über Nacht wässern. Sie lassen sich im Bierteig frittieren oder im Wok braten, man kann aber auch Marmelade oder Kuchen damit machen. In Japan und China werden die jungen Blätter als Gemüse gegessen und aus den Wurzeln wird ein schmerzlindernder Tee zubereitet.

Auch der Riesen-Bärenklau *(Heracleum mantegazzianum)*, besser bekannt als Herkuleskraut, war ursprünglich eine Zierpflanze – mit seinen meterhohen Trieben und den riesigen Blütenbällen sieht er ja auch tatsächlich spektakulär aus. Allerdings ist er giftig und gefährlich, denn sein Saft führt in Verbindung mit Sonnenlicht zu starken Verbrennungen. Relativ harmlos ist dagegen das Springkraut *(Inula glandulifera)*, das sich einfach überall ausbreitet, aber wenigstens niemandem wehtut. Heikel ist hingegen das Beifußblättrige Traubenkraut *(Ambrosia artemisiifolia)*, auf das viele Leute allergisch reagieren.

PFLÜCK DIR EINEN BUNTEN BLUMENSTRAUSS ...

STRÄUSSE SCHNEIDEN TUT DEM GARTEN GUT

Wenn ich meine Kosmeen regelmäßig schneide, sehen sie auch im August noch so frisch aus, als hätten wir erst Frühsommer. Die Dahlien blühen unermüdlich und ich schneide immer wieder Sträuße. Es ist mir ein Vergnügen, ihre bunten Blütenbälle und -sterne mit Phlox und Dillblüten zu arrangieren. Und was gibt es Schöneres, als selbst gebundene Blumensträuße aus dem eigenen Garten zu verschenken! Da muss man auch gar nicht knauserig sein. Dem Garten tut es nämlich gut, wenn man großzügig Blumen für die Vase schneidet. Jede Blüte, die man wegschneidet, führt dazu, dass die Pflanze neue Knospen bildet und noch länger blüht. Besonders frappierend ist das bei den Edelwicken, die tatsächlich erst richtig üppig blühen, wenn man vorneweg alle Blüten schneidet. Und was gibt es Romantischeres, als die zarten Edelwickensträußchen in allen Zimmer zu verteilen, wo sie mit ihrem süßen Parfüm den Zauber eines englischen Sommergartens heraufbeschwören.

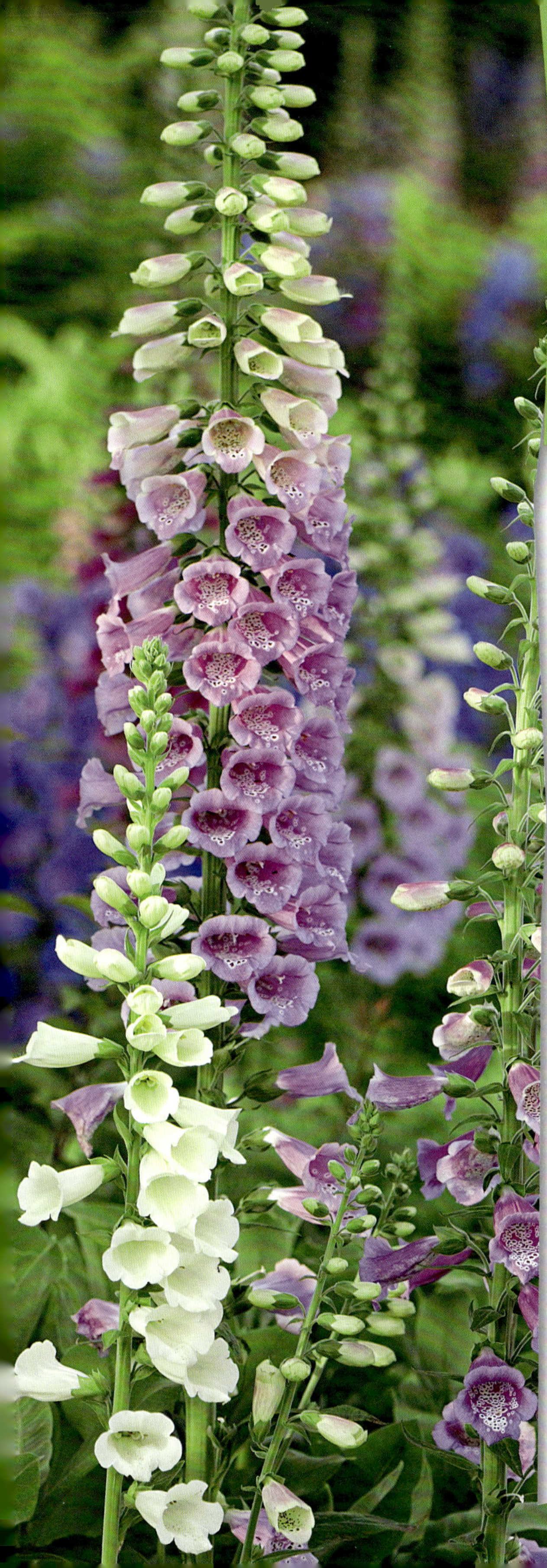

Tipps, damit Schnittblumen länger halten

Die Blumen stets in lauwarmes, frisches Wasser einstellen. Kaltes Wasser ist ein Schock für die Pflanzen.

Etwas Blumennahrung aus dem Fachhandel beigeben.

Immer saubere Vasen verwenden.

Wenn Rosen und andere Schnittblumen die Köpfe hängen lassen, frisch anschneiden und die Blumen für einige Stunden bis zum Hals in lauwarmes Wasser stellen.

Sträuße nachts an einen kühlen Ort bringen.

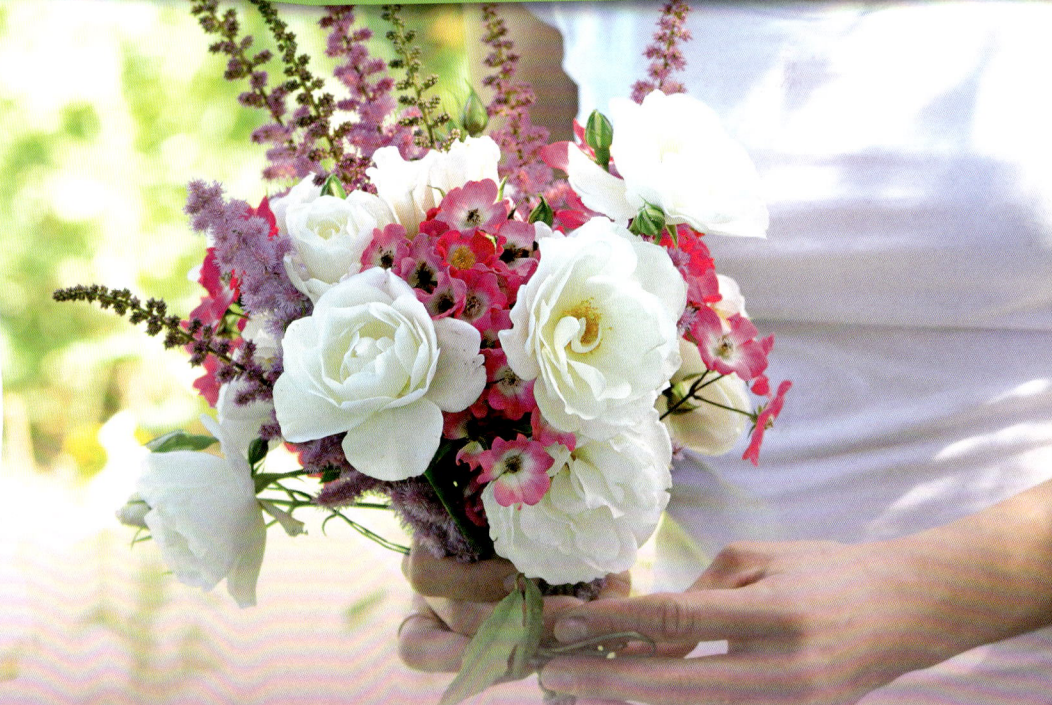

Einen Blumenstrauss binden

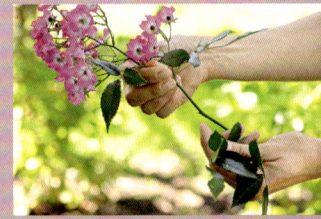

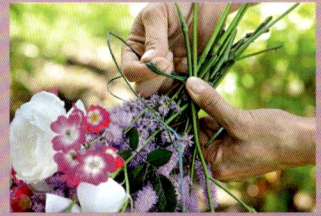

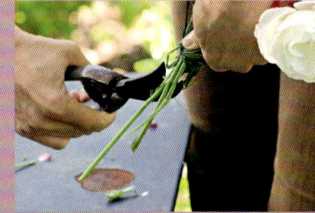

Bis zur Hälfte der Stiele alles Laub entfernen, es fault sonst im Wasser.

Die Blumen abwechslungsweise locker übereinanderlegen, mit einer Schnur festbinden.

Die Stiele gleichmäßig anschneiden und sofort in frisches Wasser stellen

Gartenspaß für

Gartenmuffel

Wer seinen Garten genießen will, muss nicht unbedingt gärtnern wie verrückt. Ein grüner Freiraum lässt sich bewusst so gestalten, dass nur wenig Arbeit anfällt. So bleibt die kostbare Freizeit zum Ausspannen und Genießen, zum Spielen und Herumtollen für Groß und Klein. Familie und Freunde werden eingeladen und die Feste gefeiert, wie sie fallen und wie es dem Wetter gefällt

Das Wohnzimmer im Grünen

Ein guter Garten lädt dazu ein, mit den ersten warmen Sonnenstrahlen nach draußen zu ziehen. Im Frühling ist es ein Klappstuhl, der an einer sonnigen Mauer steht und auf dem bequeme Kissen oder ein Schaffell einem den Hintern wärmen. Im Sommer macht man es sich dann lieber im Schatten eines Baumes bequem. Bei der Gestaltung eines Gartens achte ich daher besonders darauf, dass verschiedene gemütliche Ecken entstehen, die sich je nach Jahreszeit und Wetter nutzen lassen. Ist es auf der Terrasse zu heiß, tragen wir die Stühle kurzerhand in die Wiese hinaus. Auch im Rasen oder in den Beeten stelle ich alte Stühle auf. Manche sind so klapprig, dass sie nur noch zur Dekoration dienen, aber die meisten lassen sich, mit einem Kissen gepolstert, sehr wohl als Sitzgelegenheit verwenden. Ein Garten wird erst richtig gemütlich, wenn er lauschige Plätzchen zum Ausruhen bietet.

Gartenmöbel sollten flexibel sein

Hängematten, Liegestühle, Bänke oder einfach ein Stein und ein Baumstamm zum Sitzen sind immer gut. Man kann von solchen Dingen eigentlich nie genug haben. Bei der Auswahl von Gartenmöbeln finde ich es vor allem wichtig, darauf zu achten, dass sie flexibel sind. Was nützt mir ein Tisch aus Stein, der so groß und so schwer ist, dass ich ihn nie mehr verschieben kann? Oder eine dieser riesigen Lounge-Polstergruppen, wie sie nun Mode sind? Sie würde die ganze Terrasse versperren, und wahrscheinlich hätte ich dann doch die meiste Zeit Lust, woanders zu sitzen, zum Beispiel bei den Lilien, die gerade blühen. Oder unter den Rosenbäumchen. Oder ganz hinten im Gemüsegarten, im Schatten des Liebstöckels. Ich muss zum Glück niemanden mit imposanten Gartenmöbeln beeindrucken, die ein Vermögen kosten. Lieber habe ich kleine Klapptische vom Trödelmarkt, die ich bei Bedarf auch allein in die Ecke tragen kann, die mir gerade am gemütlichsten erscheint. Oder den archaischen Stuhl, den mir ein Bekannter aus einem Baumstamm herausgesägt hat – im Hochsommer throne ich darauf wie ein Wichtel im dichten Schatten und sehe den Walderdbeeren beim Reifen zu.

Jetzt kann die Party steigen

Alles wächst und gedeiht, jetzt wird gefeiert! Und wer eine Wiese vor dem Haus hat, mäht sich einen Weg und eine Lichtung. Der Tisch und ein paar Stühle sind schnell nach draußen getragen. Ein Tischtuch, ein paar Rosen draufstreuen, Kerzen in alten Marmeladegläsern – fertig ist die improvisierte Dekoration für das spontane Sommerfest. Ja, und dann sollte man sich bloß nicht den Abend verderben, indem man es zu kompliziert macht. Für ein größeres Fest lasse ich lieber den Partyservice kommen, man muss schließlich nicht immer alles selbst machen. Wenn weniger Leute eingeladen sind, gibt's was Einfaches vom Grill, oder jeder bringt selbst was mit. Hauptsache, man hat dann die Muße, mit den Gästen zu reden und den Abend zu genießen.

„Ist es auf der Terrasse zu heiß,
tragen wir die Stühle kurzerhand
in die Wiese hinaus."

„Beim süßen Nichtstun kommt
die Fantasie in Gang."

Ein Bett im Grünen

Und wenn es im Schlafzimmer unter dem Dach zu heiß wird, tragen wir auch mal das Gästebett in die Wiese hinaus. Was gibt es Romantischeres, als die Nacht im Garten zu verbringen? Der Mond zieht gemächlich seine Bahn, der Abendstern taucht auf, und bald zieht die ganze Milchstraße vor den flirrenden Augen herauf, die sich an das fahle Licht dieses Sternenmeers erst gewöhnen müssen. Falter schwirren durch die Baumkronen, Fledermäuse durchflattern den Nachthimmel und die Grillen zirpen, was ihre Beine halten. Wer auf dem Land lebt, sieht vielleicht sogar Glühwürmchen aus der Wiese leuchten. Wer das Bett unter einen Baum stellt, kann noch ein Moskitonetz in die Äste hängen, um sich vor den Mücken zu schützen. Auch tagsüber ist so ein Bett im Grünen gemütlich. Der Blick schweift über die Halme, die leise im Wind wispern. Was gibt es Angenehmeres für die Augen als eine grüne Wiese! Das ist Entspannung pur! Außerdem kann ich nirgendwo besser denken, als wenn ich draußen herumlümmle, beim süßen Nichtstun kommt meine Fantasie erst in Gang. Ich schaue zum Himmel und sehe dem Milan zu, der über dem frisch gemähten Feld nebenan kreist.

Endlich hat er eine Maus gesichtet, sticht pfeilschnell hinunter – und in dem Moment kommt mir die zündende Idee für das nächste Kapitel.

Ich schenke dir mein Herz

Wer einen nicht besonders gut abgeschirmten Garten hat, der kann sich die nötige Intimität durch einfache Vorhänge schaffen. Zwischen zwei Bäumen oder von einem Pfosten aus eine Schnur oder eine Wäscheleine spannen, Leintücher aufhängen – fertig ist der improvisierte Gartenraum. Auch Tischtücher oder billige Stoffbahnen dienen als improvisierte Vorhänge. Oder aber man zimmert sich gleich ein Himmelbett und näht sich einen prächtigen Baldachin. Und längerfristig lohnt es sich auch zu überlegen, ob man nicht eine dauerhafte Hecke pflanzen will, um ungestört von fremden Blicken die Nacht draußen zu verbringen. Besonders romantisch sind Hecken aus duftenden Rosen.

Wer viel zu tun und eigentlich keine Zeit hat, der braucht einen Garten umso dringender. Er benötigt eine Oase zum Abschalten, ein bisschen Freiraum zum Ausspannen. Nur sollte ein solcher Garten dann nicht noch mehr Stress und Arbeit bedeuten. Hier kommt es vielmehr darauf an, mit wenigen geschickten Handgriffen möglichst viel zu erreichen. Die Weichen hierfür werden schon bei der Gestaltung des Gartens gestellt. Eine Wiese oder ein Holzdeck zum Sitzen machen beispielsweise nicht viel Arbeit, sicherlich weniger als ein Beet oder Rasen. Auch Hecken aus einheimischen Sträuchern sind pflegeleicht.

„Ich kann an keiner Baugrube vorbeigehen, ohne hineinzuschauen."

Vom Flohmarkt in den Garten

Flohmärkte sind ergiebige Fundorte für ungewöhnliche Gartenobjekte. Aus ausgedienten Küchenutensilien lassen sich Laternen basteln, alte Krüge zaubern Flair auf das Fenstersims. Wie viel lebendiger wirken Gegenstände, die schon ein Leben hinter sich haben im Vergleich zu dem Plastikzeug, das heute leider auch die Gartenlandschaft dominiert. Plastik hat im Garten nichts verloren, mal abgesehen von Kompostsäcken und den obligaten Töpfen aus dem Gartencenter, die ich aber immer gleich entsorge. Lieber fische ich alte Tontöpfe aus dem Müll – irgendwer wirft immer Blumentöpfe weg. Auch alte Krüge und Schüsseln finden sich dort stets. Mein Mann macht sich manchmal ein bisschen lustig darüber, dass ich mit dem Altpapier und den leeren Flaschen losfahre und dann mit einem bis unters Dach gefüllten Auto zurückkehre. Ich kann auch nie an einer Baugrube vorbeigehen, ohne einen Blick hineinzuwerfen, und wenn Sperrmüllabfuhr ist, drehe ich schon mal eine Extrarunde durch die Stadt. Alte Gartenstühle stehen ganz oben auf meiner „Wanted-Liste". Seien sie auch noch so klapprig und unbrauchbar, sie landen immer in meinem Kofferraum oder zur Not auf dem Beifahrersitz. Stühle sehen immer gemütlich aus, auch wenn sie nur nutzlos im Blumenbeet stehen. Selbst wenn ich sowieso nie Zeit habe, mich hinzusetzen, so vermitteln sie doch ein Gefühl von Ruhe und Beständigkeit.

Schön nutzlos

Körbe nehme ich auch gern und stelle meine Töpfe hinein, das sieht gleich viel besser aus. Große Körbe kleide ich mit Folie aus und bepflanze sie direkt. Auch alte Weinkisten und sonstige hübsche alte Holzkisten werden immer eingeladen – Kisten kann man in einem Garten einfach nie genug haben. Auch alte Zinkwannen, Eimer, Milchkannen und dergleichen gehören zu den unverzichtbaren Utensilien, ebenso wie das Ruder, der alte Uhrenkasten, der Leiterwagen und die antiken Vogelkäfige, die so klein sind, dass höchstens eine Plastikente darin leben dürfte. Und natürlich nehme ich alles mit, was als Blumenvase Verwendung finden könnte.Dasselbe gilt für schöne alte Gießkannen, die leider selten geworden sind. Des Weiteren sammle ich Fischerbojen, die jedoch ebenfalls recht schwer zu finden sind. Auch eine Reuse hab ich schon mal ergattert, die ich ursprünglich mit Efeu bepflanzen wollte. Aber nun finde ich sie ganz hübsch, wie sie einfach so als nutzlos gewordenes Objekt herumsteht.

Accessoires vom Trödel

Aus Neu mach Alt

Betonobjekte und neue Gefäße sehen gleich viel weniger neu aus, wenn sie etwas Moos angesetzt haben. Mit einer Mischung aus Biojogurt, Moos und etwas Erde einstreichen und für einige Zeit in eine feuchte Ecke stellen, dann kommt die gewünschte Patina im Nu.

Töpfe, Steine, Bojen, alte Stühle oder gar ein antiker Gartenzwerg – je älter und verwitterter, desto besser passen die Fundstücke in die Welt eines verwunschenen, romantischen Gartens. Ob es ein Zufall ist, dass es meist Frauen sind, die dieser Sammelleidenschaft verfallen?

Neues Leben für einen alten Stuhl

Einen alten Stuhl, der zum Draufsitzen zu klapprig geworden war, habe ich mit Herbstflor bepflanzt und ihm so ein zweites Leben geschenkt. Erika, Heuchera, Blauschwingelgras und Efeu passen gut zum abgenutzten Holz.

Defektes Korbgeflecht entfernen, von unten her Brettchen annageln, auslegen, Pflanzen hineinstellen.

Sorgfältig mit einer Mischung aus Kompost und Langzeitdünger auffüllen.

Alles gut andrücken, dann sorgfältig angießen, und stets gut feucht halten.

STÜHLE REPARIEREN

Gebrochene Holzlättchen ersetze ich und die Beine lassen sich meist wieder zurechtbiegen. Sind sie gar nicht mehr zu retten, geben die ausgedienten Stühle immer noch hübsche Objekte ab, wenn sie einfach unter einem Baum stehen – was gibt es Gemütlicheres als einen Stuhl, der zum Hinsetzen einlädt?

TERRAKOTTA REPARIEREN

Unglasierte Terrakottatöpfe und Objekte lassen sich besonders leicht reparieren. Dazu macht man aus einer Terrakottascherbe in derselben Farbe mit der Feile Pulver. Dieses unter den Leim mischen, kleben und trocknen lassen. Zum Schluss die Leimstelle abschmirgeln.

HALTBARKEIT VERLÄNGERN

Terrakottagefäße, aber auch Holz, Rattanmöbel und Korbwaren, die stark ausgebleicht sind, mit einer Mischung aus Leinöl und Terpentin anstreichen. Das verlängert auch ihre Lebensdauer. Gut abbürsten, schmirgeln und dann ölen.

HOLZMÖBEL GELEGENTLICH ÖLEN

Auch die schönsten Holzmöbel verwittern irgendwann. Darum sollte man sie zu Beginn der Saison gut abbürsten und mit Teaköl einreiben. Alte Gartenmöbel hingegen frischt man mit Leinöl auf.

ALTE WERKZEUGE

Mit Stahlwolle reinigen, die Griffe und Stiele abschmirgeln, bis sie angenehm glatt sind. Mit einer Mischung aus Leinöl und Terpentin einreiben, über Nacht trocknen lassen, nochmals mit feinem Schmirgelpapier abreiben, nochmals mit Leinöl und Terpentin einreiben und am Ende mit Stahlwolle polieren.

„Wer keine Zeit hat,
braucht umso dringender
einen Garten."

Faul sein macht intelligent

Gerade wenn man gar keine Zeit hat, ist Gärtnern heilsam. Und ich weiß, wovon ich rede, mit einem chronisch überbeschäftigten Mann, einem Kleinkind und diversen eigenen Projekten. Manchmal lasse ich alles stehen und liegen, bringe meine Tochter zur Tagesmutter und gönne mir ein paar Stunden Gartenarbeit. Jäten, umgraben, Setzlinge pikieren – egal. Sogar Rasen mähen ist die reinste Erholung im Vergleich zum ganz normalen Alltagsstress. Einfach nur da sein, für ein paar kostbare Stunden ganz im Moment leben, die Blumen betrachten, die Veränderungen in den Staudenbeeten wahrnehmen, frische Luft atmen und dem Gezwitscher der Vögel lauschen. Das ist Balsam für die gestresste Seele.

Sträucher zu Kugeln schneiden

Statt den ganzen Garten mit komplizierten Blumenbeeten zu gestalten, schafft man sich einzelne blühende Oasen aus denjenigen Pflanzen, die man wirklich liebt. Für viele Leute ist das Lavendel. Sie verbinden damit Erinnerungen an glückliche Urlaubstage im Süden. Gut, dann soll es eben Lavendel sein! Den muss man zwar nach der Blüte zurückschneiden und nach einem strengen Winter eventuell ersetzen, aber wer von Lavendel träumt, der braucht Lavendel und nichts anderes. Wer einfach nur etwas Blaues, Pflegeleichtes möchte, der ist in einem nicht so sonnig gelegenen Garten mit Katzenminze und blauem Storchenschnabel besser beraten. Wildstauden sind ebenfalls eine gute Wahl für Menschen mit wenig Zeit. Sind sie erst einmal gepflanzt, kann man mehr oder weniger die Natur walten lassen.

Oft sieht man in so genannt pflegeleichten Gärten in Form geschnittene Buchskugeln. Aber aufgepasst: So pflegeleicht, wie sie aussehen, sind sie nicht! Sie müssen nicht nur genau geschnitten werden, sie sind auch recht anfällig für Krankheiten und Läuse. Und dann beginnt der Stress, zumal sie meist ein halbes Vermögen gekostet haben! Noch weniger zu tun gibt es, wenn man die Büsche einfach wachsen lässt. Die meisten entwickeln nämlich dann die schönste, harmonischste, eben ihre natürliche Form, wenn man gar nichts tut, außer ihnen beim Wachsen zuzusehen. Und das geht ganz gut vom Liegestuhl aus.

Günstiger sind da ganz normale Gartensträucher wie zum Beispiel Liguster, Ölweide oder Pfaffenhütchen, die man ebenso schön zu großen Kugeln schneiden kann und die viel weniger heikel sind. Auch Forsythien, Stechpalmen, Berberitzen, Kirschlorbeer und diverse andere Büsche lassen sich zu Kugeln oder wahlweise Pyramiden formen.

Pflanzen für Gartenmuffel

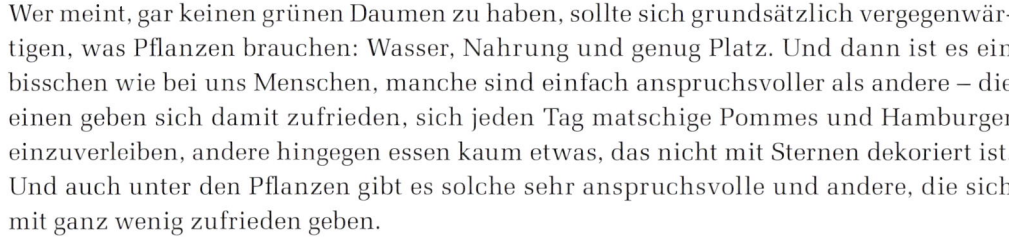

Wer meint, gar keinen grünen Daumen zu haben, sollte sich grundsätzlich vergegenwärtigen, was Pflanzen brauchen: Wasser, Nahrung und genug Platz. Und dann ist es ein bisschen wie bei uns Menschen, manche sind einfach anspruchsvoller als andere – die einen geben sich damit zufrieden, sich jeden Tag matschige Pommes und Hamburger einzuverleiben, andere hingegen essen kaum etwas, das nicht mit Sternen dekoriert ist. Und auch unter den Pflanzen gibt es solche sehr anspruchsvolle und andere, die sich mit ganz wenig zufrieden geben.

Für Gartenmuffel mit sonnigen Gärten sind vor allem diejenigen Pflanzen interessant, die man kaum gießen muss. Hauptsächlich sind dies Pflanzen aus dem Mittelmeerraum. Man muss sie aber an einem trockenen Standort pflanzen, sonst fühlen sie sich nicht wohl. Wahre Durstkünstler sind die neuen *Mandevilla*- und *Tropidenia*-Arten mit ihren leuchtend roten und rosaroten Blüten. Sie überleben auch auf den heißesten Balkonen und verzeihen es einem, wenn sie mal ein paar Tage nicht gegossen werden. Auch Sukkulenten kommen mit sehr wenig Wasser aus und brauchen kaum Pflege. Also ideale Pflanzen für Gartenmuffel, die nach meiner Erfahrung meist in der männlichen Form vorkommen. Wieso, weiß ich nicht. Zumindest mögen besonders Männer, die eigentlich keine Pflanzen mögen, am ehesten noch Sukkulenten. Ich kenne einen Fall, der nie im Leben dran denken würde, die Balkonpflanzen zu gießen oder den Rosen etwas Gutes zu tun, auf seine Kakteensammlung jedoch lässt er nichts kommen! Kakteen brauchen vor allem eines: viel Licht und Wärme. Die meisten Arten verlangen nach einer frostfreien Überwinterung. Sind diese Voraussetzungen gegeben, dann sind Kaktus, Agave und Co. praktisch idiotensicher.

Fetthennen und Hauswurz sind ebenfalls äußerst bescheiden und brauchen so gut wie keine Pflege. Die großen Fetthennenarten muss man eventuell in einem exponierten Garten etwas aufbinden, aber die kleinen Sorten kommen ganz gut allein zurecht. Sogar so gut, dass sie vermehrt auch zum Begrünen von Flachdächern eingesetzt werden. Und dort bekommen sie in der Tat nicht viel ab, außer den Unbillen des Wetters.

Bodendecker für die Sonne

Am wenigsten Arbeit machen Kiesplätze, vorausgesetzt unter dem Kies wurde eine Folie verlegt, damit nichts hindurchwächst! Holzdecks sehen ebenfalls hübsch aus. Mit zwei, drei geschickt platzierten großen Kübelpflanzen oder Deko-Objekten sowie bequemen Gartenmöbeln lässt sich schnell eine ausgesprochen pflegeleichte Freiluftoase gestalten. Besonders schön ist die Kombination von Holzplanken mit bodendeckenden Pflanzen. An einem sonnigen Standort zaubert großflächig gepflanzter Lavendel Ferienstimmung herbei. Wer es blumiger mag, kann auch Bodendeckerrosen wählen. Sie werden nicht hoch, sondern breiten sich aus, und man braucht sie bloß alle paar Jahre mit der Heckenschere zurückzuschneiden. Gute Sorten sind 'Heidetraum', 'Lavender Dream', 'Aprikola' oder 'Swany'.

„Je härter man im Garten arbeitet,
desto größer werden die Probleme."

An trockenen Standorten kommen teppichbildende Fetthennenarten besonders gut zurecht. Gut sehen das gelbe *Sedum acre* sowie *Sedum floriferum* 'Weihenstephaner Gold', *Sedum sexangulare* und *Sedum spurium* 'Fuldaglut', mit schönen dunkelroten Blüten, aus. Sie müssen nie gegossen werden, und wenn sie erst einmal den Boden decken, braucht man eigentlich überhaupt nichts mehr zu tun. Nur wenn sie frisch gepflanzt sind, muss man die erste Zeit noch etwas jäten.

Hübsche Bodendecker für den Halbschatten sind die Storchenschnäbel, insbesondere *Geranium endressii*, *Geranium* x *cantabrigiense* und *Geranium macrorrhizum*, die alle auch auf trockenem Boden gedeihen und tatsächlich sehr pflegeleicht sind. Einmal gut angewachsen, kann man sie getrost sich selbst überlassen. Auch Walderdbeeren sind für den Halbschatten eine gute Wahl, vor allem, wenn Kinder den Garten mitbenutzen. Elfenspiegel, Haselwurz, Ysander und Astilben sind hübsche Bodendecker für schattige Ecken. Als Bodendecker im Schatten ist Efeu die problemloseste Wahl.

Die Illusion von der pflegeleichten Blumenwiese

Am wenigsten Arbeit machen feste Bodenbeläge wie Kies, Betonplatten oder Mosaike. Eine andere Möglichkeit ist es, eine wilde Wiese wachsen zu lassen. Mit Wildblumenwiesen sollte man sich allerdings nicht zu viele Illusionen machen. Die Margeriten und Mohnblumen längerfristig dazu zu überreden, dass sie jeden Sommer wiederkommen, verlangt schon ziemlich viel gärtnerisches Geschick. Was aber immer wiederkommt, sind Löwenzahn, Klee und Hahnenfuß. Wildblumen gedeihen nur auf mageren Böden längerfristig. Und ganz so pflegeleicht sind sie dann auch nicht – man muss zur rechten Zeit mähen, sonst bleibt am Ende nur ein unansehnliches Dickicht aus Brennnesseln und Brombeeren übrig. Eine Alternative für normale Gartenböden sind wiesenähnliche Staudenpflanzungen, die sich, wenn sie gescheit angelegt werden, mit wenig Pflegeaufwand instand halten lassen. Das Geheimnis dabei ist, die Pflanzen auf den Standort abzustimmen und eine individuelle Mischung zu kreieren, die genau auf den eigenen Garten zugeschnitten ist. Das ist aber eben nicht ganz so einfach zu realisieren, wie es aussieht. Da fragt man am besten einen Profi um Rat.

Pflegeleichte Matrix-Pflanzungen

Ein hochinteressanter Ansatz für pflegeleichte Gärten kommt derzeit aus England. Je härter man im Garten arbeitet, desto größer werden die Probleme! So jedenfalls lautet die These von Peter Thompson, die er in seinem Buch „The self-sustaining Garden" erläutert. In den Kew Gardens führte Thompson wissenschaftliche Versuche zum Zusammenleben der Pflanzen durch. Er studierte natürliche Pflanzengemeinschaften und pflanzte einen Versuchsgarten, in dem er die Theorie weiter ausarbeitete. Indem er Pflanzen wählt, die genau zum Boden und zum Standort passen, und sie in Gruppen zusammenleben lässt, die einander stützen und helfen, hat er Staudenbeete geschaffen, die sein Eingreifen tatsächlich praktisch überflüssig machen. Dieser Ansatz verkündet das Ende der „künstlichen" Pflanzengemeinschaften, die nur mit chemischer Hilfe aufrechterhalten werden können. Er fordert ein Umdenken hin zu natürlichen Symbiosen, die von allein funktionieren.

Mitbringsel für Gartenmuffel

Zu Einladungen bringe ich meist etwas aus dem Garten mit, sei es frischer Salat, selbst gemachte Marmelade oder ein Blumenstrauß. Dabei ist es nie ein Problem ein Geschenk zu finden, auch ein größeres, für jemanden der leidenschaftlich gern gärtnert. Ich habe ja genug interessante Pflanzen, von denen sich bei Bedarf Nachwuchs ziehen lässt. Was aber schenkt man einem Gartenmuffel? Doch wohl nicht den sorgsam gehegten Steckling der neusten Lieblingspelargonie? Oder gar den selbst gezogenen jungen Feigenbaum, der nun endlich Früchte trägt?

Pflanzen, die für Erstaunen sorgen

Wenn jemand kein glückliches Händchen mit Pflanzen hat, sollte man daher lieber etwas Idiotensicheres mitbringen. Es gibt ja tatsächlich Pflanzen, die auch bei größter Vernachlässigung noch zurechtkommen. Anderseits wurde wohl noch nie ein Gartenmuffel durch eine Kalanchoe, Grünlilie, Birkenfeige, Sansevieria, Zimmerlinde, Yuccapalme oder wie all die langweiligen pflegeleichten Zimmerpflanzen so heißen, zum Gartenfan. Hingegen habe ich schon einmal jemanden, der Pflanzen erklärtermaßen nicht mochte, durch eine in voller Blüte stehende Clematis 'Romantika' zumindest dazu bringen können, wenigstens diese eine Pflanze zu mögen. Angesichts der fast schwarzen Blüten war er tatsächlich ganz hingerissen und umsorgte die Clematis so gut, dass sie auf seinem Balkon mehrere Jahre lang gedieh. Auch das Schwarze Schlangenbartgras *(Ophiopogon planiscapus nigrescens)* sorgt manchmal bei Leuten, die eher modernem Design als natürlichen Dingen zugewandt sind und die lauthals verkünden, Pflanzen nicht zu mögen, für Erstaunen. Einem anderen Bekannten, der einen ziemlich hässlichen Balkon in einer ziemlich hässlichen Wohnanlage hat, habe ich ein Päckchen mit drei Samentüten geschenkt: Feuerbohnen, blaue Trichterwinden und Hopfen. Im Sommer war der Balkon nicht mehr wiederzuerkennen, und der Bekannte hatte es sich mit Liegestuhl, Klapptisch und einem kleinen Kühlschrank bequem eingerichtet in seinem neuen Privatdschungel.

Ein weiterer heißer Tipp für Gartenmuffel sind Gräser, Schilf und Seggen. Wer Gärten eigentlich nicht mag, ist oft braunen, trockenen Gewächsen noch am ehesten zugeneigt. Man kann mit Chinaschilf oder Pampasgras gerade auf einem Großstadtbalkon sensationelle Effekte erzielen. Am besten pflanzt man sie in alte Ölfässer. Nur aufpassen, dass man ihnen nicht zu nahe kommt, denn die Blätter sind ziemlich schnittig.

Zehn Geschenkideen für Gartenmuffel

① Selbstgekochte Marmelade.

② Eine Gartenreise nach England: Nirgendwo sonst lässt sich besser zeigen, wie vielseitig man einen Garten interpretieren kann.

③ Einen Liegestuhl: solange er in demselben liegt, macht der Gartenmuffel wenigstens nichts falsch!

④ Eine Rose von Jericho, eine Pflanze, die eintrocknet und jederzeit mit Wasser wiederbelebt werden kann.

⑤ Eine schöne Vase für Schnittblumen – lieber Blumensträuße als gar keine Blumen.

⑥ Ein Kräuterkistchen für die Fensterbank. Mit etwas Glück begreift der Gartenmuffel, dass er länger ernten kann, wenn er die Kräutchen gelegentlich gießt ...

7 Saatgut, am liebsten selbst geerntetes von meinen eigenen Pflanzen. Ich lasse sie in Schälchen trocknen, dann fülle ich sie in Briefumschläge, schreibe den Namen der Pflanze darauf – fertig. Zum Verschenken bastle ich nach Lust und Laune kleine Umschläge aus buntem Papier oder alten Gartenzeitschriften.

8 Selbstgezogene Stecklinge. Im Sommer ziehe ich Stecklinge von Minzen, Salvien und Pelargonien. Im Oktober schneide ich welche von Büschen, verholzenden Kräutern und Rosen. So lässt sich eine Vielzahl von Pflanzen problemlos und günstig vermehren. Außerdem schleppt man auf diesem Weg keine Schädlinge und Krankheiten ein, was ja bei gekauften Pflanzen leider mitunter der Fall ist.

9 Ein Starterset bestehend aus einem Topf, einer kleinen Schaufel, einem Sack Blumenerde und einer Samentüte.

10 Eine Hängematte, so der Gartenmuffel zwei Bäume hat.

Sosehr ich mich für Pflanzenneuheiten interessiere und so gern ich die druckfrischen Kataloge der Züchter studiere: bei manchen Pflanzen sind die althergebrachten Sorten immer noch am schönsten. Bei den Pfingstrosen zum Beispiel. Es gibt unendlich viele neue Züchtungen, vor allem aus Japan. Manche sind so groß wie Fußbälle, andere haben ein Knäuel der goldigsten aller denkbaren Staubfäden, oder sie sehen aus wie diese Plastikmassageschwämme, die es im Supermarkt gratis zum Duschmittel gibt. Aber am schönsten sind immer noch die guten alten Bauernpfingstrosen *(Paeonia officinalis)*, die wir schon aus Omas Garten kennen. Sie ist die wohl pflegeleichteste aller Stauden. Einmal gepflanzt, überdauert sie auch ohne jegliche Pflege viele Jahrzehnte. In verwahrlosten Gärten ist sie meist die letzte Blume, die noch blüht. Auch unter erschwerten Bedingungen werden ihre Blüten mit den Jahren nicht einmal kleiner, ihr leuchtendes Karmesinrot verblasst nie, egal, wie wenig oder viel man sich um die Bauernpfingstrose kümmert. Jedes Jahr im späten Frühling ist sie wieder da und überreicht uns unbeirrbar ihren Blütenstrauß, als wolle sie uns danken fürs süße Nichtstun.

MEINE LIEBLINGSPFLANZEN

Bauernpfingstrose

Wahrscheinlich mag ich Akeleien *(Aquilegia vulgaris)* auch deshalb so gern, weil sie genau dann blühen, wenn sich die Tulpen gerade verabschieden und die Rosen noch auf sich warten lassen. Und weil sie so bescheiden sind und sich überall, wo grad noch ein Fleckchen Erde frei ist, versamen. Ich habe Akeleien zwischen den Himbeeren, Akeleien schauen unter der Buchenhecke hervor und lassen ihre Köpfe im Westwind tanzen. Bei mir wachsen Akeleien, die sich zwischen die Wegplatten gequetscht haben, und solche, die entlang des Weidenzauns ihre Blütenköpfe nicken lassen. Genau besehen habe ich wohl kein einziges Blumenbeet, in dem sich nicht die eine oder andere Akelei breitgemacht hat. Und ich lasse sie gern stehen, wo auch immer sie auftauchen. Sie waren vor mir in diesem Garten, und mit größter Wahrscheinlichkeit werden sie mich auch überleben. Jedoch hinterlasse ich ja gern meine Spuren, und so füge ich immer mal wieder eine neue Sorte hinzu. Einfach an Ort und Stelle aussäen, den Rest besorgen sie selbst. Die niedrigen, aber sehr großblütigen Songbird-Hybriden haben es mir besonders angetan. So blüht nun unter meinen Rosen die weiße 'Dove' und vor der Voliere schweben einige 'Blue Birds'.

MEINE LIEBLINGSPFLANZEN

Tanzende Akelei

Selbst ist die Frau oder: Vom Glück

Das Herz meines Gartens schlägt im Küchengarten – im Französischen vornehmer Potager genannt, also Suppengarten. Hier halten auch moderne Gärtnerinnen ihr Süppchen am Kochen, hier pulsiert das Leben, hier laufen alle Fäden zusammen, hier schöpfen wir Kraft und Nahrung. Und hier setze ich mich abends auf den himbeerfarbenen Stuhl in der Ecke und genieße die letzten Sonnenstrahlen.

im Küchengarten

Warum eigenes Gemüse anbauen?

Kürzlich war ich im Bioladen einkaufen und hab dann erst zu Hause beim Einräumen meiner Einkäufe realisiert, was für ein Unfug mir da widerfahren ist: Red Quinoa aus Bolivien, rote Bohnen aus China und der Amaranth im Müsli kommt aus Peru! Da soll mal einer ausrechnen, wie viele Flugmeilen das macht. Und das soll gut sein, um unser Gewissen zu beruhigen? Mit solchem ökologischen Irrsinn tun wir vielleicht unserer Gesundheit etwas Gutes, aber gewiss nicht der Umwelt. Ich habe mir jedenfalls vorgenommen, künftig auch im Bioladen genauer auf die Etiketten zu schauen, bevor ich etwas in mein Bastkörbchen lege. Und vor allem habe ich mir wieder einmal ein klein wenig auf die Schulter geklopft für alles, was ich seit Jahren selbst anbaue. Jeden Salat, den ich nicht kaufen muss, jedes Körbchen Erdbeeren, das ich im eigenen Garten pflücke, braucht keine Foodmeilen und ist also direkt ein Beitrag zur Rettung des Klimas.

Ich schmunzle jeweils über Besucher, die davon ausgehen, dass meine Hühner Bioeier legen. Wenn ich nachfrage, wie sie denn darauf kämen, kriege ich meist etwas zu hören in der Art von: „Aber ihr macht doch alles selbst hier…" Nun, liebe Freunde, solange die Hühner unsere Spaghettireste aus dem Supermarkt fressen, können sie keine Bioeier legen! Sollen wir deswegen die Essensreste in den Müll werfen? Schmecken die Eier weniger gut, weil die Hühner unsere Küchenabfälle fressen? Oder sind sie deswegen weniger gesund?

Wie „bio" muss man sein, um glücklich zu werden?

Auch unser Salat ist nicht „bio". Ich streue im Frühling jeweils eine dünne Barriere aus Schneckenkorn rund um den Gemüsegarten. Ich verwende zwar nur die neuen, umweltverträglicheren Produkte auf Eisenbasis und achte darauf, dass kein Schneckenkorn in die Gemüsebeete kommt, aber trotzdem ist das nicht Bio. Ich habe sogar zur Not schon mal meine Puffbohnen mit Läusemittel eingespritzt – sie waren dermaßen schwarz vor Läusen, dass auch Abwaschen oder Wegreiben nicht mehr half. Vor die Wahl gestellt, gar keine Bohnen zu haben oder eben zu spritzen, habe ich mich für Letzteres entschieden. Aber grundsätzlich bin ich auch der Meinung, dass Chemie im Gemüsegarten nichts verloren hat. Chemie sollte grundsätzlich im Garten nichts verloren haben. Nur gärtnern wir eben leider nicht immer in einer idealen Welt.

Ich habe meine Mühe mit Fundamentalismus jeder Art und suche lieber nach pragmatischen Lösungen, die sowohl im Alltag wie im Zusammenhang des größeren Ganzen Sinn machen. „Bio" ist in den letzten Jahren zu einem Modewort geworden, mit dem sich fast alles entschuldigen lässt. Was heißt eigentlich Bio? Ist nicht alles, was wächst, auch ein Teil der Natur? Sollten wir besser „öko" sagen, wie es im Englischen üblich ist? Oder „biodynamisch" nach Demeter und Dr. Vogel. Das ist wenigstens ein klarer Begriff.

Aber auch biodynamisch ist letztlich nur sinnvoll, wenn man die Produkte selbst anbaut oder sie von einem Hof in der Nähe beziehen kann. Ansonsten kaufe ich lieber etwas von einem Bauern aus der Gegend, auch wenn der streng genommen nicht unter dem „Bio"-Label arbeitet. Hauptsache es ist frisch, es schmeckt, und es belastet die Umwelt nicht mehr als nötig.

Nur frisch schmeckt's richtig süß

Die Kohlrabi schäle ich, schneide sie in Scheiben und serviere sie ganz frisch – dann schmecken sie so knackig und süß, wie man sie niemals kaufen kann. Das gilt übrigens für alle Gemüse, die Zucker enthalten. Bereits nach wenigen Stunden wird der Zucker in Stärke umgewandelt, und dann schmecken Mais, Erbsen oder eben Kohlrabi nur noch mehlig und fade. Wenn sie dann noch verkocht und mit einer weißen Soße angerichtet werden, ist es um den Geschmack sowieso geschehen. Auch Wurzelgemüse wie Karotten, Pastinaken und Rote Bete, die sich im Prinzip gut einlagern lassen, schmecken nie wieder so gut wie an jenem sonnigen Mittag im Juli, an dem man sie aus der Erde gezogen und ganz frisch zubereitet aufgegessen hat.

Und erst die Kartoffeln! Ich kenne viele Gemüsegärtner, die sagen, für Kartoffeln sei ihnen der Platz nun wirklich zu schade. Sie wissen nicht, was sie verpassen.

Eine erntefrische Kartoffel ist etwas ganz anderes als alles, was sich unter diesem Namen kaufen lässt. Auch wer keinen Garten hat, sollte das einmal ausprobieren. Kartoffeln gedeihen nämlich sogar in einem Eimer oder in einer alten Mülltonne. Ich habe eine Bekannte mit einem großen Garten, die ihre Kartoffeln trotz genügend Platz in alten Blecheimern anbaut, weil sie dann so leicht zu ernten sind: einfach den Behälter umkippen und die Knollen auflesen. Ah ja – und für alle, die nicht auf dem Land aufgewachsen sind: Kartoffeln pflanzen geht folgendermaßen: Man nimmt eine Saatkartoffel oder eine alte Kartoffel aus dem Keller, die schon ausgeschlagen hat, steckt sie in die Erde und wartet, bis sie wächst und blüht. Sobald das Laub abzusterben beginnt, sind die neuen Knollen reif und werden mit einer Grabgabel ausgegraben. Meist wachsen aus einer einzigen Kartoffel ein bis mehrere Kilogramm neuer Knollen heran.

Lieblingssorten

Meine Lieblingssorte ist 'Virgule', auch Ratte genannt, aus Frankreich. Sie haben einen feinen nussartigen Geschmack und sind so klein, dass man sie beim Ausgraben nicht gleich mit der Gabel kaputtmacht. Mit etwas Glück findet man sie auf dem Markt, und kann einige aufheben bis zum Frühling.

In der Schweiz sind blaue Sorten hoch im Kurs, es gibt davon je nach Region verschiedene, man bekommt sie auf Bauernmärkten. Da findet sich auch sonst die eine oder andere regionale, alte Sorte. Ich hatte neulich eine namenlose Sorte ergattert, deren Schale krebsrot war. Leider ging die schöne Farbe beim Kochen aber verloren.

KÜCHENGARTEN-PRAXIS

WÜCHSIGE GEMÜSE

Die Gemüsepflanzen Baumspinat, Rote Melde, Löwenzahn, Bärlauch, Zichorie, Hirschhornsalat und Kartoffeln wachsen überall und verdrängen ganz nebenbei unerwünschte Wildkräuter.

ERBSEN UND BOHNEN AUFBINDEN

Erbsen und Bohnen haben lange dünne Triebe, die von selbst keinen Halt finden und deswegen leicht brechen. Darum ist es wichtig, Kletterstangen oder Reisig für die Erbsen gleich ins Beet zu stecken, bevor man ansät.

ROSENKOHL STATT DOSENKOHL

Rosenkohl, Blumenkohl und Brokkoli sind gesund und lecker, geben aber etwas mehr zu tun. Sie wachsen recht langsam, brauchen Dünger. Den Rosenkohl sollte man auch anbinden, damit die großen Stauden in den Herbststürmen nicht umkippen. Geerntet wird er erst nach dem Frost. Vorher schmecken die Röschen nicht so gut.

FARBE IM GEMÜSEGARTEN

Damit es auch im Gemüsegarten schön bunt und wild zugeht oder um sich hier und dort etwas Essbares zu ergattern, sind die folgenden Saaten gut: Baumspinat, Ringelblumen, roter und grüner Schnittsalat, schwarzer Palmkohl, Boretsch, Malven, Feuerbohnen.

RICHTIG ERNTEN

Äpfel in mehreren Gängen ablesen, und jeden Apfel erst dann pflücken, wenn er sich mit einer leichten Drehung des Stiels vom Ast löst. Birnensorten zum Einlagern erntet man kurz bevor sie ganz reif sind. Aufpassen, dass die Früchte nicht verletzt werden. Möglichst kühl lagern und immer wieder schauen, ob sie reif sind. Eine Birne ist zu dem Zeitpunkt richtig, wenn sie weich und saftig ist, ohne schon mehlig zu werden. Einige Stunden vor dem Essen in einen warmen Raum bringen, dann schmecken sie perfekt.

TOMATEN AUSGEIZEN

Bei den Tomaten müssen die Seitentriebe in den Achseln der Haupttriebe ausgebrochen werden, was im Fachjargon ausgeizen heißt. Es dient dazu, die Kraft der Pflanze in die Früchte zu lenken. Sonst macht sie zu viele Seitentriebe, an denen sich Früchte bilden, die nicht mehr ausreifen.

HIMBEEREN MIT RASEN-SCHNITT MULCHEN

Himbeeren gut gießen. Sie wurzeln sehr flach und trocknen darum rasch aus. Und dann gibt es keine gute Ernte mehr.

Rasenschnitt leicht antrocknen lassen und unter den Himbeeren verteilen. So trocknen sie weniger schnell aus.

ALTER GÄRTNERTRICK

Gerade wenn es lange nicht geregnet hat, wird die Erde hart und rissig. Dann sollte man harken und die Erde etwas auflockern, danach gießen und den Boden mit einer Mulchschicht abdecken, damit er nicht gleich wieder austrocknet.

145

„Etliche Blüten sind
ein Genuss für
Auge und Gaumen"

Alles essen spart Platz und Zeit

Im Gemüsegarten wird nichts weggeworfen. Die Zwiebeln, die ich im Frühsommer ausdünne, landen mitsamt dem knackig grünen Laub im Salat. Auch Blättchen der pikierten Krautstiele oder Rote Bete geben eine feine Salatbeigabe. Pastinakenblätter schmecken wie Selleriekraut, Rote Bete und Krautstiele geben dem Salat dagegen eine erdig bodenständige Note. Das Laub der Kapuzinerkresse hat, wie ihre Blüten, ein würziges Senfaroma. Die jungen Blätter des Boretsch, der allerorten absamt, verleihen dem Salat ein feines Gurkenaroma. Werden die Blätter größer, muss man sie allerdings kurz blanchieren, weil sie etwas haarig werden.

In unseren Breitengraden werden traditionell von den meisten Gemüsen nur die Früchte geerntet, von den Karotten die Wurzeln, von den Erbsen nur die Erbsen, vom Fenchel nur die Knollen etc. Ich hatte einmal die Gelegenheit, ein afrikanisches Kochbuch zu lesen – und mir ist ein Licht aufgegangen. Tatsächlich kann man fast alles essen, und vieles, was wir achtlos auf den Komposthaufen werfen, schmeckt tatsächlich ganz lecker. Außerdem spart man Zeit und auch Geld, wenn man von ein und derselben Pflanze möglichst viele verschiedene Teile verwendet. Und es bringt Abwechslung in die Küche. Zum Beispiel die frischen Triebe der Erbsen, sie schmecken nach – na, was wohl – Erbsen und sind eine feine Zugabe zu Salaten. Mitunter ziehe ich die Erbsen sowieso weitgehend nur noch als Salatbeigabe – das gibt viel weniger zu tun, als sie dann zu schälen. Die Pflanzen geben viel mehr her, wenn man das Laub isst.

Das Laub der Roten Bete ergibt gedämpft ein feines Gemüse, so es denn nicht über und über von klebrigen Läusen bewohnt wird, wie das mitunter der Fall ist. Auch die Blätter des Kohlrabi sind im Wok gedämpft und mit asiatischen Gewürzen verfeinert eine gute Beilage. Das Kraut des Fenchels brauche ich zum Würzen, es schmeckt weniger penetrant als der üblicherweise zum Fisch verwendete Dill und wächst umsonst. Letzterer bereitet zudem in einem nicht so warmen Sommer gelegentlich Probleme.

Achtung, giftig!

Eine Freundin, die sich im Garten nicht so gut auskennt, fragte mich, woher ich denn wisse, was nun genau essbar sei und was nicht. Im Prinzip kann man von beinahe allen essbaren Pflanzen fast alle Teile essen. Einige Ausnahmen gibt es jedoch zu beachten. Alle Bestandteile der Bohnen sind in rohem Zustand giftig. Auch das Laub der Kartoffeln, ebenso wie das der mit ihnen verwandten Tomaten, ist giftig. Im Zweifelsfall heißt es immer: in der einschlägigen Fachliteratur nachschlagen. Ein gutes Lexikon über Wildkräuter und essbare Pflanzen sollte in keinem gärtnernden Haushalt fehlen. Und im Übrigen ist man mit den Wildkräutern im eigenen Garten schnell vertraut, weil es Jahr für Jahr dieselben sind. Das hat mit dem Boden und dem Klima zu tun, auch Anfänger können sie bald von den Gemüsesämlingen unterscheiden.

BLÜTENSALAT FÜR

Nicht nur Kapuzinerkresse und Ringelblumen sind essbar, sondern eine ganze Vielzahl unserer Gartenblumen. Das Spektrum reicht von der Margerite in der Wiese über die Schlüsselblümchen, Hornveilchen und Stiefmütterchen im Frühling bis hin zu den Malven, Kornblumen und Stockrosen, den Taglilien und Hibiskusblüten im Sommer. Nicht zu vergessen die Rosen, den Storchenschnabel, die Frauenmantelblüten, die Sonnenblumen sowie alle Blüten von Kräutern wie Schnittlauch, Salbei oder Lavendel.

CHEMIE IST TABU

Wichtig beim Ernten von Blüten für die Küche ist, nur solche zu verwenden, die nicht mit irgendwelchen Chemikalien behandelt wurden. Das ist besonders wichtig, wenn man sich in anderer Leute Gärten bedient, wo man nicht genau weiß, was da gespritzt wurde.

STOCKROSENBLÜTEN ZUBEREITEN

Den Stempel herausschneiden, Blütenstaub wegpusten.

Den bleichen Teil der Blütenblätter am Ansatz wegschneiden.

Die Blütenblätter in feine Streifen schneiden und über Desserts streuen.

FEINSCHMECKER

CHRYSANTHEMENBLÜTEN

Essbare Blüten grundsätzlich nicht kochen, sondern erst am Schluss als Dekoration über die Speisen streuen. Ausnahme: Chrysanthemen müssen überbrüht werden, bevor man sie essen kann.

NICHT NUR FÜRS AUGE

Besonders lecker sind die Blüten der Indianernessel, sorgfältig abgezupft und über Desserts gestreut.

Kreativ kochen mit Kräutern

Mit Kräutern habe ich Gärtnern gelernt, und mit Kräutern habe ich gelernt, auf meine Intuition zu vertrauen und meine eigenen Rezepte zu erfinden – im Garten genauso wie in der Küche. Das Fantastische an Kräutern ist, dass man die meisten von ihnen aus Samen oder Stecklingen ganz einfach selbst ziehen kann, sie kosten nicht viel und sind im Allgemeinen recht anspruchslos – man kann kaum etwas falsch machen. Und wenn doch mal etwas schiefgeht, fängt man eben nochmals von vorn an. Viele einjährige Kräuter versamen sich und tauchen jedes Jahr wieder von selbst auf, wo es ihnen gerade gefällt. Mir soll das recht sein. Da ich zum Kochen nur wenig Salz verwende, brauche ich umso mehr frische Kräuter.

Platz für Kräuter ist überall

Kräuter sind einfach fantastisch auf dem Balkon, neben der Eingangstür oder vor dem Fenster: Sie sind ein sinnliches Vergnügen. Einige sehen so zart aus, dass man sie immer wieder anfassen muss. Ich kann an keinem Lavendel vorbeigehen, ohne mit der Hand über seine Blüten zu streifen; ich kann keine Minze anschauen, ohne ein paar Blättchen zu vernaschen. Besonders fein ist der Kerbel, den ich extra ins Rosenbeet gepflanzt habe, weil er so erfrischend schmeckt und ich beim Jäten gern davon koste. Und auf Petersilie bin ich sowieso ganz scharf – es gibt wohl zwei Arten von Menschen: diejenigen, die Petersilie nicht ausstehen können, und die anderen, die an keiner Petersilie vorbeigehen können, ohne sich ein Büschel in den Mund zu stecken.

Kräuter wirken immer gut

Während manche Sommerblumenmischungen in Balkonkästen oft etwas spießig aussehen, wirken Kräuter eigentlich nie unattraktiv. Egal, welche Sorten man zusammenpflanzt, irgendwie sieht das immer originell, erfrischend und sympathisch aus. Und wenn sie verbraucht aussehen, pflanzt man eben neue.

Besonders gefällt mir die Kombination von violettem und grünem Basilikum, oder einfach ein großer Rosmarin oder Lavendel in einem Zinkeimer neben der Tür, wo man die aromatischen Blätter beim Heimkommen streift. Dazu passen kleinere Schalen oder Schüsseln mit Thymian und Bohnenkraut. Für diese südlichen Kräuter sind übrigens Löchersiebe ganz prima Gefäße, da das Wasser darin gut ablaufen kann. Und natürlich dürfen in solchen Kräuter-Arrangements Duftgeranien nicht fehlen, die ein unvergleichliches Spektrum an Aromen und hübschen kleinen Blüten beisteuern. Und erst das Maggikraut, das zu metergroßen Stöcken heranwächst. Es ist ein stattlicher Hingucker, ich habe eine große Staude gleich beim Eingang des Gemüsegartens gepflanzt, und auch wenn sonst mal alles voller Unkraut ist, dieses eine Maggikraut wirkt so imposant, dass Besucher auf den ersten Blick überzeugt sind, dass bei mir einfach alles wächst und dass ich in meinem Garten alles im Griff habe.

„Kräuter sind ein sinnliches Vergnügen."

153

KRÄUTER FÜR JEDE GELEGENHEIT

Kräuterspiralen sind allgegenwärtig. Ich finde sie ästhetisch nicht besonders ansprechend – aber das ist Geschmacksache. Meinerseits ziehe ich einen geometrischen Kräutergarten vor, ein Kräuterrad oder ein anderes, an das Modell alter Klostergärten angelehntes Muster. Auch ein mit Kräutern bepflanzter alter Brunnen sieht hübsch aus. Wahlweise lässt sich auch eine ausgediente Badewanne verwenden, so man noch einige zusätzliche Abzugslöcher für überschüssiges Regenwasser hineinbohrt. Oder aber man legt gleich einen ganz wilden Kräutergarten an – das hat auch seinen Charme.

KRÄUTER FÜR JEDEN ORT

Minze, Maggikraut oder Liebstöckel, Quendel oder Wilder Thymian, Baldrian, Koriander, Schnittlauch und viele andere Kräuter sind äußerst dankbare Gartengäste. Sie gedeihen an allen möglichen Standorten.

SONNIGES BASILIKUM

Basilikum mag es warm und sonnig. In kühlen Lagen oder in einem regnerischen Sommer gedeiht es am besten in einem Gewächshaus – oder auf der sonnigen Fensterbank.

ACHTUNG WINTER!

Wer in einer kalten Gegend wohnt, sollte Salbei, Rosmarin, Lorbeer und Lavendel in Töpfen ziehen und sie zum Überwintern an einen geschützten Standort bringen. Einige Minusgrade vertragen sie wohl, aber wenn es über längere Zeit sehr kalt ist, können sie eingehen. Auch zu viel Nässe im Winter bekommt ihnen ganz und gar nicht.

Rotation und Mischkultur

Wer die Muße und den Ehrgeiz hat, in seinem Gemüsegarten alles richtig und korrekt zu machen, der wendet sich der Mischkultur zu oder legt separate Beete an, auf denen die Gemüse jährlich rotieren. Wie gesagt, es geht auch, wenn man einfach alles durcheinandermischt. Die Pflanzen finden meist selbst ihren Weg: was versamt, taucht im nächsten Jahr genau dort auf, wo es gedeihen will. Diesbezüglich könnten wir von den Pflanzen noch etwas für unser Leben lernen und uns den Freiraum nehmen, den wir zum Wachsen brauchen!

Schön der Reihe nach

Aber etwas Ordnung hat manchmal auch seinen Charme. Nach John Seymour werden vier Beete angelegt, die in einem Vierjahresrhythmus bepflanzt werden. Dieser Fruchtwechsel dient dazu, die Fruchtbarkeit des Bodens zu erhalten. Im ersten Jahr kommt Mist auf das Beet, dann werden Kartoffeln gepflanzt. Sobald die Kartoffeln geerntet sind, wird Gründünger gesät, den man am Ende der Saison eingräbt. Im zweiten Jahr kommt Kalk auf den Boden, dann werden Bohnen, Erbsen und andere Leguminosen gesät. Die im Sommer frei werdenden Reihen bepflanzt man mit Kohlsetzlingen. Im dritten Jahr kommen gemischte Pflanzen auf das Beet oder, falls es im Spätsommer nicht mehr für die Kohlpflanzen reichte, wird dann ein eigenes Jahr für die Kohlgewächse reserviert. Danach kommen die gemischten Gemüse wie Salate, Zwiebeln und Tomaten. Zu dem Zeitpunkt ist ein Mulch aus Kompost angebracht. Und im letzten Jahr kommen dann die Wurzelgemüse auf das Beet. Wer genug Platz hat, überlässt das Beet im vierten beziehungsweise fünften Jahr dem Gründünger, ansonsten kommen dann schon wieder die Kartoffeln an die Reihe. Dieses System hat den Nachteil, dass jeweils nur eine genau festgelegte Menge der jeweiligen Gemüsearten angebaut werden kann. Dafür ist es schön übersichtlich, und man weiß immer, was als Nächstes wohin gehört.

Salate unter dem Kürbis

Die Idee von der Mischkultur hingegen geht davon aus, dass manche Pflanzen sich gegenseitig helfen, andere jedoch einander beim Gedeihen stören. Manche der Prinzipien sind durchaus logisch und auch für Anfänger nachvollziehbar. Zum Beispiel sollte man nicht zu viele Wurzelgemüse nebeneinandersäen, da sie einander sonst den Platz unter der Erde streitig machen. Besser ist es, neben den Karotten Lauch zu pflanzen, der in die Höhe wächst. Und außerdem vertreibt der Geruch des Lauchs die Karottenfliegen. Langsam wachsende Gemüse wie zum Beispiel Rosenkohl unterpflanze ich erst einmal mit Schnittsalat oder Radieschen. Zwischen die frisch gepflanzten Kartoffeln säe ich Kresse oder Rauke.

Rot blühenden Lein säe ich stets zu den Karotten. Der Lein keimt viel früher als die Karotten, und zeigt an, wo diese dann kommen. Und zudem sehen die Leinblüten hübsch aus zwischen dem filigranen Karottenlaub.

Auch im Kürbisbeet haben zum Saisonbeginn noch Salate Platz. Kümmel lässt Kartoffeln, Kohl und Gurken besser wachsen, und auch ihr Aroma verfeinert sich dadurch. Tomaten schmecken intensiver, wenn Petersilie daneben wächst. Viele Kräuter helfen, Schädlinge fernzuhalten. Dill vertreibt die Karottenfliege, Rettich vertreibt die Lauchmotte, Knoblauch hält Schädlinge von Himbeeren und Obstbäumen fern, Bohnenkraut vertreibt die Läuse und fördert das Wachstum der Bohnen. Und Basilikum neben den Tomaten hilft gegen Mehltau. Das System der Mischkultur lässt mehr Spielraum für diejenigen Pflanzen, von denen man gern etwas mehr hat. So habe ich einige Beete für Erdbeeren reserviert, und je nachdem, wie viel Zeit ich in einem Jahr habe, pflanze ich viel mehr Kartoffeln oder widme mich stattdessen anspruchsvolleren Gemüsen.

Anarchie im Küchengarten

Mischkultur und Fruchtwechsel sind im Prinzip eine gute Sache. Im Alltag sieht es aber oft so aus, dass man erstens keine Zeit hat, sich über solche Theorien den Kopf zu zerbrechen, oder aber, dass man schlicht keine Lust hat dazu. Schließlich soll der Garten ein Freiraum sein und in allererster Linie der Erholung dienen. Im Garten will ich mich entspannen und meinen Gedanken nachhängen, ich will nachdenken oder träumen und mich nicht an feste Pläne halten. Darum pflanze ich einfach alles dort, wo gerade Platz ist oder wo es mir gerade aus dem Moment heraus intuitiv richtig vorkommt. Ich baue mein Gemüse seit Jahren nach diesem Nichtprinzip an, und es wächst ganz gut. Auf jeden Fall gedeiht es auch, wenn man es nicht in ordentlichen Reihen zieht. Ich weiß bis heute nicht, wo genau Norden und Süden ist oder welchen pH-Wert mein Boden hat. Dafür weiß ich ganz andere Sachen über meinen Garten! Ich weiß zum Beispiel, in welchen Beeten die größten Regenwürmer leben oder wie unterschiedlich die verschiedenen Rosen riechen.

Versamen lassen, wo es geht

Wenn immer möglich, lasse ich versamen: wo immer es geht, lasse ich den Garten seinen eigenen Weg gehen. So sucht sich der Feldsalat die Ecken aus, die ihm passen, der Koriander taucht zwischen dem Rhabarber auf, obwohl das in keinem Lehrbuch steht, und als ich im Herbst Pastinaken ausgrub, kam wunderbarerweise ein großes Büschel Petersilie darunter zum Vorschein. Auch Kürbisse habe ich gefunden, als ich die Beete abräumte. Ein Garten, der sich weitgehend selber organisiert, steckt voller Überraschungen. Ich versuche nicht gegen, sondern mit dem Garten zu arbeiten. Das spart Zeit und Kraft, und am Ende funktioniert es auch ganz gut – es sieht halt anders aus. „Unordentlich", schimpft mein besserwisserischer Nachbar. Aber ich gehe jeweils mit einem Korb nach draußen und schaue einfach, was ich gerade so finde fürs Abendessen. Irgendetwas Leckeres war bis jetzt noch immer da!

Jetzt haben wir den Salat!

Um die Abläufe zu vereinfachen und mit meiner knappen Zeit besser zu haushalten, ziehe ich den Salat nicht mehr selbst. Alle zwei, drei Wochen kaufe ich ein Dutzend Setzlinge in der Gärtnerei. Ich wässere sie gut und pflanze sie gleich. Schnittsalate säe ich direkt, auch das geht blitzschnell. Man muss nur warten, bis der Boden einigermaßen trocken ist, dann umgraben, säen und zurechen.

Mehr als einen halben Quadratmeter braucht man dafür eigentlich nicht, entsprechend schnell ist das Schnittsalatbeet angelegt. Und dann ernte ich immer nur einzelne Blätter, sodass die Pflänzchen stets nachwachsen. Das ergibt mit minimalem Aufwand über viele Wochen frisches Grün auf dem Teller.

Grünfutter für die ganze Familie

Das Schönste am Salat ist die Vielfalt. Wir haben Schnittsalat, Lollo, rote und grüne Kopfsalate, Eichblattsalat, aber auch Rucola und Kresse und einiges an Kräutern, die sich im letzten Jahr versamt haben. Koriander hat sich selbst unter den Schnittsalat gemischt und auch die Petersilie ist einfach so aufgetaucht. Außerdem tummeln sich Ringelblumen und Boretsch zwischen meinem Grünfutter, ihr Sonnengelb und Himmelblau bildet nicht nur im Garten, sondern auch auf dem Teller eine erfrischende Farbkombination. Dazwischen strecken einige Luftradieschen ihre Triebe mit den scharfen Schoten in die Höhe. Etwas Löwenzahn ist auch da, dessen Samen immer aus der Wiese des Nachbarn herüberwehen, und die kriechende Vogelmiere, die zwar als Unkraut gilt, aber eigentlich nicht stört und die ich darum gewähren lasse. So ergibt sich aus allem, was ich gepflanzt habe, und allem, was sich von allein dazugesellt hat, unsere ganz persönliche Haussalatmischung. Nur die Pflanzen, die ungenießbar sind, reiße ich gewissenhaft immer aus.

Salat hat nicht nur Vitamine und Mineralstoffe, sondern auch noch einige Überraschungen zu bieten. Er taucht nämlich in der einschlägigen Literatur immer wieder als psychoaktive und aphrodisierende Pflanze auf. An erster Stelle der Scharfmacher aus der Salatschüssel stehen Lattich und Zichorie. Wer Lattich roh oder gekocht äße, würde wahnsinnig, schrieb Hildegard von Bingen. Salate werden von manchen Freaks sogar als Cannabis-Substitut geraucht. Sicher ist, dass die Milchflüssigkeit des Lattichs ein morphiumähnliches Alkaloid enthält. Auch Feldsalat enthält opiatähnliche Stoffe.

Zu viel des Guten: Achtung, Nitrat!

Man kann auch zu viel des Guten tun für seine Gesundheit. Insbesondere Blattsalate können eine recht hohe Konzentration an Nitrat aufweisen. Ein bisschen Nitrat braucht der Körper, aber zu viel ist schädlich. Denn im Zusammenwirken mit Eiweiß kann das Nitrat zu einem krebserregenden Stoff umgewandelt werden. Das spricht umso mehr dafür, seinen Salat selbst anzubauen. Dann kann man nämlich den Nitratgehalt weit gehend kontrollieren.

„Salate werden von manchen Freaks sogar als Cannabis-Substitut geraucht."

TIPP: NITRAT SENKEN

Erstens gilt es, den Salat nicht zu düngen. Überhaupt sollte man im Gemüsegarten mit Dünger sparsam umgehen. Lieber gebe ich nur den Starkzehrern wie Kohl oder Rosenkohl eine Extra-Handvoll verrotteten Mist, als den ganzen Boden zu überdüngen.

Zweitens muss man Salat und andere Gemüse an der Sonne ziehen. Dann bilden sie viel weniger Nitrat, als wenn sie im Halbschatten stehen.

Bei dem Salatkopf, den ich zum Mittagessen ernten will, lockere ich am Vorabend die Wurzeln. Dann nimmt er nicht mehr so viel Nitrat auf. Oder die Wurzeln am Morgen lockern für den Salat, den man abends essen möchte.

Oder man erntet frühmorgens und bewahrt den Salat tagsüber im Keller auf. Am Morgen enthält er nämlich deutlich weniger Nitrat als am Abend nach einem sonnigen Tag.

Nitrat bildet nur dann krebserregende Stoffe, wenn gleichzeitig tierisches Eiweiß gegessen wird. Wer sich rein pflanzlich ernährt, hat das Problem nicht.

Walderdbeere

Sie sind so klein und unscheinbar, dass es schon scharfe Kinderaugen braucht, um sie zu finden, und streichholzdünne zarte Finger, um die Walderdbeere *(Fragaria vesca)* unversehrt zu pflücken. Zu leicht werden sie in Erwachsenenhänden zerdrückt, weshalb man sie auch kaum je kaufen kann. Ihren unvergleichlich intensiven Geschmack vergisst man sein Leben lang nie. Und die Sensation der rauen Samenkörnchen, wenn man sie auf der Zunge zergehen lässt, versetzt einen auch nach Jahrzehnten noch zurück in glückliche Kindertage, an denen man keine weiteren Sorgen hatte, als durch das Unterholz in Großmutters Garten zu kriechen und zwischen vermoderndem Laub und Zweigen, zwischen Efeuranken und dem verblühten Salomonssiegel nach den großen, Kleeblättern gleichenden, weichen, gerippten Blättern Ausschau zu halten – und mehr und noch mehr von den süßen Früchtchen zu suchen.

Wunderbare Puffbohnen

Für mich sind Puffbohnen *(Vicia faba)* eines der großen Wunder der Gemüsewelt. Ich säe sie so früh wie möglich, damit sie wachsen, bevor die Läuse auftauchen. Etwas vom ersten frischen Grün in der Küche sind dann die Triebe, die ich kappe, sobald die Pflanzen gut kniehoch sind. Wenige Wochen später landen die ersten Schoten mitsamt Schale in der Pfanne. Sobald die Bohnen größer werden, schält man sie und isst die Kerne, sie sind die vielleicht leckerste Delikatesse des Frühsommers, nur kurz gedämpft und mit Butter angerichtet, mmh! Außerdem ist es ein sinnliches Vergnügen, Puffbohnen zu schälen, wie sie so weich eingebettet in der flauschig gepolsterten Schale liegen. Einen Teil der Bohnen kann man dann noch stehen lassen, bis die Kerne trocknen. Diese werden für den Winter eingelagert. Allerdings muss man sie mindestens zwei Tage einweichen und stundenlang weich kochen. Mit Speck und Zwiebeln schmecken sie dann hervorragend.

Warnhinweis für Selbstversorger

Der Traum vom Leben auf dem Land hatte mich schon lange begleitet. Ich las John Seymour, als ich noch in der Stadt lebte, ich wusste im Prinzip, wie man Zwiebeln zu einem Zopf knöpft, wie man einen Fasan rupft oder ein Birnspalier zieht. Immer wieder hatte ich mir die charmanten Zeichnungen in „Das große Buch vom Leben auf dem Lande" angesehen, auf denen gezeigt wird, wie man ein Kaninchen ausnimmt oder wie man Karotten mit Sand in ein altes Fass schichtet.

Beim ersten Versuch, auf dem Land zu leben, beschränkte ich mich auf den Garten. Ich baute Gemüse an, bis mir die Ohren wackelten vor lauter Salat und Kohlköpfen, aber das Schafezüchten überließ ich den Nachbarn. Und dann hatte ich ein zweites Mal die Chance, den Traum vom Selbstversorgergarten zumindest teilweise zu verwirklichen. Ich war im fünften Monat schwanger, als ich das Haus mit dem Birnbaumspalier an der Schindelfassade entdeckte, und ich wusste gleich: hier soll mein Kind aufwachsen, in einem alten Haus inmitten von saftigen Wiesen, mit einem großen Garten und diversen Kleintierställen dazu. Ich wollte ein Nest bauen, ich wollte alles richtig machen. Es schien der perfekte Plan zu sein.

Himbeeren statt Babybrei

In den ersten Monaten nach der Geburt meiner Tochter legte ich den Gemüsegarten an, meine Tochter im Tragetuch stets bei mir. Die meiste Zeit schlief sie, manchmal blinzelte sie unter ihrer Zipfelmütze hervor oder umfasste mit ihren zarten Händen meine dreckverkrusteten Finger. Im Sommer aß sie die ersten Himbeeren. Ich schälte ihr die Cherrytomaten aus dem Gewächshaus, weil sie noch keine Zähne hatte. Sie verschmähte Babybrei, aber alles, was rot und süß war und aus dem Garten kam, aß sie.

Mir taten die Kaninchen in ihren kleinen Ställen leid, die wir von den Vorgängern übernommen hatten. Wir bauten ein großzügiges Auslaufgehege, meine Tochter sollte sehen, wie gut sie es hatten. Es gab sogar ein Streichelzoo-Abteil, in dem man die Tiere anfassen konnte. Auch sonst waren wir voller Idealismus, wir änderten und verbesserten, setzten große Träume um.

Bis dass der Fuchs kam

Ein Jahr später folgte die Ernüchterung. Meine Tochter gedieh prächtig, wohl nicht zuletzt dank der Pommes und Schokoriegel, die mein Mann ihr bei jeder Gelegenheit kaufte. Gemüse aß sie nur noch, wenn ganz viel Butter drauf war. Aber das war jetzt nur noch in zweiter Linie wichtig. In erster Linie zählte, etwas Zeit zu finden, um mit ihr zu spielen. Und manchmal schlicht auch etwas Zeit, um zu schlafen. Das Freilaufgehege der Kaninchen war doch nicht so solide, wie es schien. Erst einmal buddelten die Lang-

ohren dermaßen, dass wir bald jeden Tag junge Kaninchen einfangen mussten – immerhin eine ganz interessante Sportart, mit viel Bücken und Durch-die-Büsche-kriechen, doch, doch, beim Kanincheneinfangen wird man fit! Schließlich haben wir dann die Drahtgeflechte so weit in den Boden eingegraben, dass die Gehege ausbruchsicher schienen. Jedoch täuschte der Eindruck. Sie waren vielleicht ausbruchsicher, aber keinesfalls einbruchsicher – jedenfalls nicht für eine hungrige Fuchsmutter mit zwei halbwüchsigen Jungen. Und so waren eines Morgens die Kaninchen spurlos verschwunden.

Was zuviel ist, ist zuviel

Auch sonst wuchs mir das Ganze langsam, aber sicher über den Kopf. Der Rasen verwandelte sich in eine struppige Wiese, meine Pelargoniensammlung litt Hunger und Durst, die Tomaten im Gewächshaus gaben den Geist auf. Der Ententeich war nur noch eine Schlammbrühe, und die Hühner saßen alle beim Brüten, weil ich sie nicht mehr jeden Morgen aus den Nistkästen scheuchen mochte. Derweil machten sich die Fasanenmännchen über die frisch geschlüpften Küken her, und der Pfau fraß alle Wellensittiche. Die Weiden dorrten in der Sommerhitze, das Gemüse schoss auf. Meine Tochter aß alle grünen Erdbeeren auf, weil sie die roten unter dem Unkraut nicht finden konnte. Ich wusste nicht mehr, wo anfangen und was zuerst anpacken.

Die Außengehege kamen bald weg. Und die großen Kaninchenställe überließen wir einem älteren Nachbarn, der fortan dort auf eigene Faust seine Kaninchen züchtete und als Gegenleistung dafür bei unseren Hühnern und Vögeln etwas Ordnung schaffte und putzte. Und ich versuchte, wenigstens den Gemüsegarten einigermaßen in Schuss zu halten. Wenn schon Selbstversorger, dann wäre die tierlose Option grundsätzlich gewiss einfacher. Ein paar Hühner würde man aber trotzdem brauchen für den Mist, denn Hühnermist ist noch immer der beste Dünger. Aber Kaninchen? Oder gar größere Tiere zum Schlachten? Nachdem ich einige Male geholfen habe, Kaninchen auszunehmen, nehme ich lieber Abstand von dieser Idee – dann doch lieber kein Fleisch essen!

Bohnenschwemme und Zucchiniplage

Zum Sommerende zeigt sich der Gemüsegarten in seiner ganzen Pracht. Ich staune selbst, wie viel in nur einer Saison möglich ist. Der farbige Mangold leuchtet, als stünde ein Scheinwerfer dahinter. Wir essen davon, bis er uns zu den Ohren herauskommt. Und auch Nachbars Kaninchen werden großzügig damit gefüttert. Rote Bete schmeckt ganz lecker – so süße kann man nirgends kaufen! Auch Salate sind noch viele da. Und die Tomaten im kleinen Gewächshaus sind ebenfalls ganz gut geworden, seit meine Tochter sie ausreifen lässt. Die Knollen des Fenchels sind inzwischen so groß, dass es mich reut, sie zu ernten. Außerdem leben schöne Schmetterlingsraupen darauf. Und die Kohlrabi sind sogar zu groß für die Küche. Besser schmecken uns die Pastinaken, die dank des vielen Regens prächtig gediehen sind.

Die Geister, die ich rief

Wenn erst einmal die ersten Hindernisse wie Schnecken und zu wenig Wasser überstanden sind, dann kennt das Gemüse kein Halten mehr. Jetzt heißt es ernten, ernten und nochmals ernten. Zu den wüchsigsten Gemüsen gehören die Zucchini, von den Kürbissen ganz zu schweigen. Und auch die Erbsen und die Bohnen sind nicht ohne, wenn sie einmal richtig loslegen. Haben sie erst Fuß gefasst, sind sie bald überall. Und irgendwann wird es selbst mir zu viel. Mitunter sehe ich vor lauter Zucchini, Erbsenranken, Bohnen und Kürbissen die Wege nicht mehr! Wir essen Zucchini, Zucchinisuppe, Zucchiniauflauf, gefüllte und gratinierte Zucchini, Ratatouille, sogar Pizza mit Zucchini gab es schon. Und irgendwann kann man sie einfach nicht mehr sehen. Also auf den Komposthaufen damit! Die besonders großen Kürbisse und Zucchini lagere ich im Treppenhaus. Sie mögen es nicht zu kalt, dann halten sie bis weit in den Winter hinein. Bohnen und die Erbsen lasse ich wuchern, bis der Mehltau sie dahinrafft oder bis sie von selbst dürr werden, was irgendwann in der größten Sommerhitze sowieso passiert.

„Glücklich ist, wer Erbsen und Bohnen zu zählen hat.“

Jetzt geht's ans Eingemachte

Sobald die Tage kürzer werden, überkommt mich ein gewisser Hamstereffekt. Dann steige ich schon mal in den Keller hinunter, um mich zu vergewissern, was da alles an Eingemachtem und Getrocknetem vorrätig ist. Heuer hatte ich wenig Zeit, und das meiste Gemüse haben wir vorneweg frisch gegessen. Immerhin hat es gereicht, um ein halbes Dutzend Einmachgläser mit Roten Beten zu füllen. Ich verwende dafür Himbeeressig, so schmecken sie tausendmal besser als alle, die man kaufen kann. Auch etwas Rosenwasser oder Rosenlikör kann man beigeben. Damit lassen sich Gäste allemal überraschen. Außerdem habe ich einige Gläser Rhabarberkompott eingemacht, das kann man ebenfalls nirgends kaufen, jedenfalls nicht so, wie ich es gerne mag – mit Orangensaft aufgekocht und mit Ingwer gewürzt.

Tee und Marmeladenbrot

Vor allem aber koche ich im Sommer Marmelade. Da ich Rezepte nicht mag, erfinde ich jede Saison wieder neue Varianten. Der derzeitige Favorit ist Feigenkonfitüre mit einem Schuss Stroh-Rum – eine sonnige Delikatesse für kalte Wintertage.

Was sich auch immer lohnt, ist das Trocknen von Kräutern und essbaren Blüten, um seine eigenen Teemischungen herzustellen. Das gibt nicht viel zu tun, und im Winter wärme ich mich gern an einer Tasse sommerlichen Blütentees aus dem Garten. Auch hier sind der Fantasie kaum Grenzen gesetzt. Eine gute Basis für eigene Teemischungen sind Lindenblüten. Alle Teekräuter wie Minzen, Melissen, Verbenen, aber auch Salbei, Thymian oder eine Prise Lavendel kommen infrage. Getrocknet werden sie an einem luftigen, schattigen Ort, wo man sie büschelweise mit den Stielen nach oben aufhängt. Man kann auch einzelne Blüten auf Backblechen auslegen und sie vorsichtig bei niedriger Temperatur trocknen. Schön und gut für hausgemachte Teemischungen sind Ringelblumen, Malven und Rosen. Ein Klassiker für die Teedose ist außerdem die Indianernessel, die in England dem Earl-Grey-Tee beigegeben wird. Auch die getrockneten Blätter von Duftpelargonien sind eine interessante Zugabe zu gekauftem Schwarztee. Meine Favoriten sind Attar of Roses – und natürlich die Zitronenpelargonien.

Zum Schluss noch das Rezept meiner Lieblingstee-Mischung: Ich mische dazu Pfefferminze, Verveine und Blüten von ungespritzten Rosen zu je einem Drittel. Das ergibt einen erfrischenden, blumigen Tee. Besonders gut schmeckt er in einem großen Krug serviert und mit einem Schnitz Zitrone angerichtet. Oder an heißen Sommertagen als Eistee servieren und mit frischen Rosenblättern garnieren.

Äpfel, Birnen, Nüsse

Gemüse anbauen ist in den letzten Jahren auch bei jüngeren Leuten immer mehr in Mode gekommen. Eigenartigerweise haben aber viele, die nun selbstverständlich selbst Salat und Kräuter ziehen, noch Vorbehalte gegen Obst. Die Bäume würden zu groß, befürchten manche, es sei kompliziert, oder es gäbe zu viel zu tun. Das sind Vorurteile, die längst überholt sind. Inzwischen gibt es fast alle Obstsorten als Miniaturvarianten, und wie bei den Rosen, so wird auch bei der Zucht von Früchten immer mehr Wert darauf gelegt, dass die Neuheiten krankheitsresistent sind und auch ohne Spritzen gute Erträge liefern.

Nüsse für Faule

Etwas vom Allereinfachsten, das man im Garten pflanzen kann, ist ein Haselstrauch. Ich mag Haselsträucher, sie wachsen rasch, und wenn man nicht daran herumschneidet, bilden sie eine harmonische Form. Und wie gesagt, problemloser geht es nimmer: einfach pflanzen, fertig. Man muss nur wissen, dass Haselsträucher recht groß werden. Aber für faule Gärtner ist das ja gerade ein Argument, das für Haselsträucher spricht! Und die Nüsse liefern sie ohne irgendwelches Dazutun – die größte Arbeit ist das Nüsseknacken. Dasselbe gilt für Walnussbäume, die es allerdings meines Wissens nicht als Zwergform gibt. Aber wo genug Platz vorhanden ist, ist ein Nussbaum allemal eine gute Wahl.

Idylle mit Birnen

Wenn nur wenig Platz vorhanden ist, dann reicht es sicher noch für Spalierobst. An einer warmen Fassade reifen die Früchte besser, und vor allem lassen sie sich hübsch in Form bringen. Ich hatte mich wegen des großen Birnenspaliers an der Schindelfassade in unser jetziges Haus verliebt – und so sehr ich manchmal damit hadere, dass ich wichtige Entscheidungen nicht etwas rationaler fälle, so glücklich war ich, als Ende August die Birnen reiften! Zweimal hat es in diesem Sommer gehagelt, aber wie durch ein Wunder ist nur ein Teil der Früchte zerschlagen worden. Die anderen reiften unversehrt heran. Und so sitze ich an einem milden Spätsommerabend mit meiner Tochter auf der Steinbank zu Füßen des Spaliers, wir halten beide eine Birne in der Hand, beißen hinein. Sie sind warm von der Sonne, ihr Fleisch ist perlmuttweiß und körnig und unglaublich süß. Meine Tochter lacht mir zu, Saft läuft ihr am Kinn hinunter. An diesem milden Augustabend scheint alles perfekt – für diese kleinen Glücksmomente gärtnern wir letztlich, für diese kleinen Glücksmomente leben wir Gartenmenschen.

Anhang

Rebergarten-Kalender

Januar

✿ Werkzeuge aufräumen, Rasenmäher und andere Geräte jetzt zur Reparatur bringen.

✿ Töpfe und Pflanzkübel reinigen.

✿ Kataloge studieren und Saatgut bestellen.

✿ Schnee von Buchskugeln und anderen immergrünen Gehölzen schütteln, damit sie nicht erdrückt werden. Immergrüne Pflanzen gießen, wenn der Boden nicht gefroren ist.

✿ Kübelpflanzen im Winterquartier spärlich gießen und regelmäßig auf Schädlinge überprüfen.

Februar

✿ Pflanzenreste und Samenstände vom Vorjahr abschneiden, damit sie den Neuaustrieb nicht behindern.

✿ Tomaten, Kräuter und Balkonblumen auf dem Fenstersims ziehen.

✿ Bäume und Büsche schneiden. Sommerblühende Sträucher wie Eibisch oder Sommerflieder sehr stark zurückschneiden.

✿ Obstgehölze auslichten.

✿ Falls nicht zuviel Schnee liegt, Mist und Kompost auf den Beeten verteilen.

✿ Kübelpflanzen an einen helleren Platz stellen.

März

✿ Kräuter, Gemüse und einjährige Blumen in Schalen oder Joghurtbecher säen.

✿ Boden lockern und Gemüsebeete vorbereiten.

✿ Rosen schneiden und düngen; wurzelnackte Rosen pflanzen.

✿ Beerenobststräucher schneiden.

✿ Sträucher, Hecken und Bäume pflanzen.

✿ Zwiebelblumen ins Beet oder in Gefäße setzen (beim Gärtner kaufen).

✿ Winterschutz an den Stauden allmählich entfernen.

✿ Kübelpflanzen umtopfen.

✿ Gemüse und Einjährige auf der Fensterbank oder im hellen Treppenhaus vorziehen.

✿ Erste gut abgehärtete Gemüsesetzlinge vom Gärtner ins Beet pflanzen, diese in kalten Nächten mit Vlies abdecken.

April

✿ Gemüse direkt ins Freiland säen.

✿ Sommerblumen in die Lücken im Beet säen; wo nötig, Schneckenfallen aufstellen.

✿ Stauden teilen und neu pflanzen.

✿ Mehrjährige Kräuter teilen und neu pflanzen.

✿ Gemüsesetzlinge ins Freiland auspflanzen.

✿ Nadelgehölze pflanzen.

✿ Rasen schneiden und düngen, sobald die Forsythien blühen.

✿ Lilien, Zierlauch, Gladiolen und andere sommerblühende Zwiebelblumen pflanzen.

✿ Neuen Rasen säen, Löcher im bestehenden Rasen ausbessern.

✿ Sträucher nach der Blüte wo nötig zurückschneiden.

✿ Kübelpflanzen ab jetzt regelmäßig düngen.

✿ Bärlauch ernten.

Mai

✿ Stauden aufbinden, bevor der Wind sie knickt.

✿ Zweijährige Blumen säen.

✿ Balkonkästen und Töpfe bepflanzen.

✿ Rosen und Stauden auf Schädlinge und Krankheiten kontrollieren, falls nötig behandeln.

✿ Wildtriebe an den Rosen entfernen.

✿ Bohnen aussäen.

✿ Kübelpflanzen schneiden, umtopfen, düngen und langsam an die Freilandbedingungen gewöhnen.

✿ Jäten, jäten, jäten!

✿ Blattläuse, Schnecken und Dickmaulrüssler im Auge behalten.

✿ Empfindliche Sommerblüher wie Dahlien, Canna, Gladiolen und Begonien ab Mitte Mai pflanzen.

✿ Zu groß gewordene Kübelpflanzen umtopfen.

✿ Sommergemüse pflanzen.

✿ Erste Schnittsalate und Kräuter ernten.

✿ Wenn nötig, morgens und abends wässern.

Juni

✿ Balkonblumen gießen und regelmäßig düngen.

✿ Bei Rosen, Stauden und Balkonblumen Verblühtes ausbrechen.

✿ Frühblüher wie Rittersporn, Phlox, Frauenmantel und Storchenschnabel zurückschneiden und düngen, dann blühen sie noch einmal.

✿ Die Samenstände von Akeleien ausbrechen, falls sich diese zu sehr ausbreiten.

✿ Containerrosen und Gehölze in Lücken pflanzen.

✿ Lücken im Beet mit Einjährigen füllen.

- Zweijährige Blumen wie Fingerhut und Stockrosen säen.
- Gemüsesaaten ausdünnen, jäten, gießen.
- Eingezogene Blätter von Narzissen und Tulpen entfernen.
- Tomaten ausgeizen und regelmäßig düngen.
- Salat ernten.
- Rhabarber ernten, aber nur bis zum Sommeranfang (21. Juni), danach hat er zu viel Oxalsäure.

Juli

- Hecken und Buchs schneiden.
- Ziergehölze und Stauden durch Stecklinge vermehren.
- Kräuter ernten und trocknen.
- Knollenfenchel säen.
- Regelmäßig jäten.
- Kübel- und Topfpflanzen regelmäßig gießen und düngen.
- Einmal blühende Kletter- und Strauchrosen wo nötig schneiden.
- Verblühtes von Beet- und Edelrosen ausschneiden.
- Schwertlilien teilen.
- Steinobst nach der Ernte schneiden.
- Rasen wässern, ein zweites Mal düngen.
- Gemüse, Salate und essbare Blumen ernten.
- Den Garten genießen!!

August

- Spinat, Feldsalat, Mangold und japanische Salate säen.
- Herbstsalate wie Endivien, Zichorien und Zuckerhut pflanzen.
- Zwiebeln von Madonnenlilien und Kaiserkronen pflanzen.
- Erdbeeren pflanzen.
- Kohlweißlinge einsammeln, Blattläuse im Auge behalten.
- Rosen mit Stecklingen vermehren – klappt vor allem bei alten Sorten gut.

- Stauden nach der Blüte teilen und neu pflanzen.
- Samen von Sommerblumen ernten und trocknen.
- Lavendel schneiden (nur die Blüten).
- Kernobst schneiden.
- Dahlensträuße binden.
- In der Wiese oder auf dem Rasen liegen und Sonne tanken!

September

- Blumenzwiebeln besorgen; die größten Sorten zuerst pflanzen.
- Zweijährige Frühlingsblumen wie Stiefmütterchen, Hornveilchen und Vergissmeinnicht säen.
- Hecken und Beerenobst schneiden.
- Rosen bestellen.
- Beetstauden pflanzen.
- Nicht mehr düngen!
- Winterquartier für Kübelpflanzen vorbereiten.
- Clematis pflanzen.
- Immergrüne Laub- und Nadelgehölze schneiden und pflanzen.
- Hecken pflanzen.
- Auf abgeernteten Gemüsebeeten Gründünger säen.

Oktober

- Obst und Gemüse ernten und einlagern.
- Rosen, Büsche und Bäume pflanzen.
- Ausgereifte Stecklinge von Ziergehölzen nehmen.
- Kübelpflanzen zurückschneiden und ins Winterquartier einräumen.
- Gemüse wenn nötig mit Vlies vor Nachtfrösten schützen.
- Knollenpflanzen wie Dahlien und Begonien ausgraben, beschriften und frostfrei überwintern.
- Kübel und Schalen mit Herbstblühern bepflanzen.
- Wo nötig, den Boden umgraben.

- Winterschutz für empfindliche Pflanzen bereithalten.
- Gartenmöbel einräumen.
- Laubbäume, Sträucher und Laubhecken schneiden.
- Wintergemüse wenn nötig mit Vlies vor Frost schützen.
- Brunnen und Wasserspiele abstellen, Wasserleitungen entleeren.
- Schläuche versorgen, sie werden vom Frost brüchig.

November

- In kalten Gegenden Rosen anhäufeln und mit Fichtenzweigen abdecken.
- Winterschutz für empfindliche Stauden anbringen.
- Laub aufsammeln, in Säcken kompostieren oder Beete damit abdecken.
- Wintersalate mit Folien oder Reisig abdecken.
- Die Töpfe von Kübelpflanzen, die im Freien bleiben, mit Noppenfolie, Bambusmatten oder Jute einpacken. Mehrere Töpfe zusammen eingepackt frieren weniger, besonders wenn Laub in die Lücken gestopft wird.
- Sommerhimbeeren schneiden.
- Beerenobst durch Steckhölzer vermehren.
- Obstbäume pflanzen.

Dezember

- Rosenkohl ernten.
- Am 4. Dezember Barbarazweige schneiden.
- Immergrüne Gehölze gelegentlich gießen.
- Kübelpflanzen im Winterquartier spärlich gießen, auf Schädlinge prüfen.
- Gartenbücher lesen und vom Frühling träumen.

BIOGRAFIE

Sabine Reber ist freischaffende Schriftstellerin und Gartenpublizistin. Sie hat Romane, Lyrik und Erzählungen publiziert, Hörspiele sowie unzählige Kolumnen verfasst und wurde mit diversen Preisen ausgezeichnet. Bei Callwey sind bereits die Gartenbuch-Bestseller „Ein Gartenzimmer für mich allein" und „Traumpaare im Beet" erschienen.

Über ihre Website www.blumenundworte.ch gibt sie auch einen Newsletter mit Literatur- und Gartentipps heraus.

Die Autorin dankt: Jeanne Rose, Cédric, Arthur und Christine, Esther, Gabriele und Andreas, Simon und Familie, Danielle, Rose-Marie, Marco und Draga, Edwin und Kordula, Lora, Erica, Regula und Alex, Christoph, Maurin, Housi, Renate, Anita, Jean-Louis und Alain, Gabrielle, Marcel, Gräfin Zeppelin, Ernst Meier und Familie, Anne, Beat und Familie, Patrick, Leonor, Romano, Nadine, Rolf, Wolfgang, Jean-Noel und Berthe. Ohne Eure Hilfe, Euer Verständnis und Eure Anregungen wäre „Endlich gärtnern" nicht zustande gekommen. Danke!

Außerdem geht ein großes Dankeschön an die Leserinnen und Leser meiner bisherigen Bücher, Kolumnen und Newsletter. Ihr überrascht mich immer wieder mit guten Ideen, klugen Einwänden, nützlichen Hinweisen und interessanten Pflanzen. Wenn es auch nicht immer für eine persönliche Antwort reicht, möchte ich hier ein nicht minder herzliches, ganz großes Danke sagen! Es ist schön, für Menschen zu schreiben, die mitdenken!

Und für den Soundtrack beim Schreiben danke ich Emmylou Harris.

Rolf Neeser wurde 1959 als Sohn einer Bieler Fotografenfamilie geboren. Seine Ausbildung zum Fotografen absolvierte er an der Kunstgewerbeschule Bern. Danach arbeitete er längere Zeit für die internationalen Bildagenturen Sipa & Ap Paris, Keystone, Comet sowie für den Riniger Verlag und die Tamedia AG (Tagesanzeiger-Magazin) in Zürich.

Zuletzt war er Mitarbeiter des französischsprachigen Magazins L´illustre in Lausanne. Seine Fotoreportagen wurden mehrfach ausgezeichnet, unter anderem mit einem World Press Award.

Seit 1985 arbeitet Rolf Neeser als freischaffender Fotograf mit Schwerpunkt Natur und Menschen. In über zehn Einzelausstellungen hat er seine Arbeiten im In- und Ausland präsentiert. Seine Fotografien befinden sich in öffentlichen und privaten Sammlungen.

Rolf Neeser lebt und gärtnert inmitten eines Naturschutzgebietes in der Mörigenbucht am Bielersee.

Veröffentlichungen:
„Bilder einer Region", „Vieille ville de Bienne", „Charme" – alle erschienen im Verlag Gassmann, Schweiz.

www.rolfneeser.ch

Die Autorin und der Fotograf danken folgenden Personen und Firmen, die ihre Gärten und Pflanzen für die Bilder zur Verfügung stellten: Anita Meile, Ottiswil (CH): Seiten 122, 125 (oben links), 130, 134; Renate Scheller, Bellmund (CH): Seiten 15, 21, 57, 58, 61; Jean-Louis Cura und Alain Soulier, Uttenhoffen (F): Seiten 30, 34, 35, 45, 106, 125 (oben rechts), 168, 176; Marcel Meier, Diesse (CH): Seiten 65, 147, 153; Gräfin Zeppelin, Sulzburg-Laufen (DE): Seiten 47, 92, sowie 2/3; Wyss Samen und Pflanzen AG, Zuchwil (CH): Seiten: 10, 11, 22, 23, 98; Rosen Huber, Dottikon (CH): Seite 109. Die übrigen Bilder sind im Garten der Autorin in Lamboing, beziehungsweise im Garten des Fotografen in Mörigen CH entstanden.

Folgende Fotos stammen von iStockphoto: S. 26: o. rechts 3 x und u. 3x, S.27: 1. und 3. von links o. und u. links

IMPRESSUM

© 2009 Verlag Georg D. W. Callwey GmbH & Co. KG
Streitfeldstraße 35
81673 München
www.callwey.de
E-Mail: buch@callwey.de

Die Deutsche Nationalbibliothek verzeichnet diese Publikation in der Deutschen Nationalbibliografie; detaillierte bibliografische Daten sind im Internet über http://dnb.ddb.de abrufbar.

ISBN 978-3-7667-1778-9

Das Werk einschließlich aller seiner Teile ist urheberrechtlich geschützt. Jede Verwertung außerhalb der engen Grenzen des Urheberrechtsgesetzes ist ohne Zustimmung des Verlages unzulässig und strafbar. Das gilt insbesondere für Vervielfältigungen, Übersetzungen, Mikroverfilmungen und die Einspeicherung und Verarbeitung in elektronischen Systemen.

Lektorat: Wolfgang Funke, Augsburg
Fotografie: Rolf Neeser
Foto Umschlag: BOTANICA / Jupiterimages
Umschlaggestaltung: independent Medien-Design
Layout und Satz: Beisenherz Design, München
Druck und Bindung: Fotolito Longo, Bozen
Printed in Italy